紫柏大師開示語錄

貪則不止。瞋則不反。癡則不覺。
是以無窮之苦。長劫淪墜。皆三者所致。
然此三者。不越乎瞥然一念。

僧懺 選輯

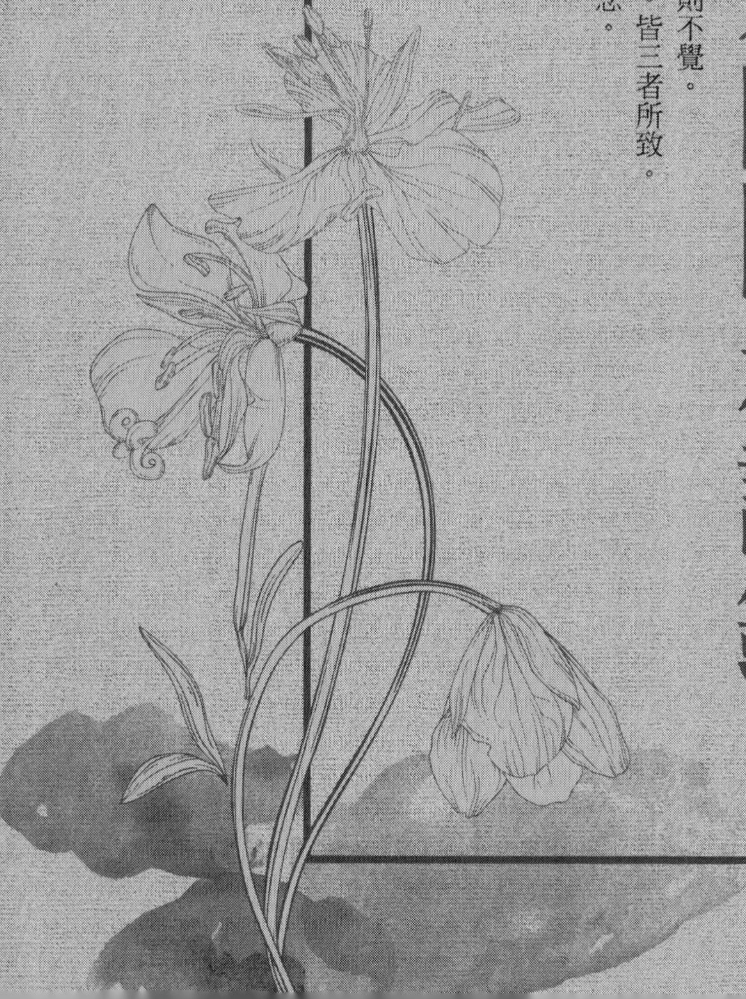

紫柏大師傳略

師諱眞可，字達觀，晚號紫柏；門人稱尊者。

其先句曲人，父沈連季子世居吳江太湖之攤缺。

師生五歲，不語。時有異僧過其門，摩頂而謂其父曰：「此兒出家，當爲天人師；」言訖，忽不見。師遂能語。

師髫年，性雄猛，慷慨激烈，貌偉不羣；弱不好弄，生不喜見婦人。嘗有詩曰：「屠狗雄心未易消。」

年十七，方仗劍遠遊塞上，行至蘇州閶門，天大雨，不前，偶值虎丘僧明覺，相顧盼，覺壯其貌，知少年不羣，心異之；因以傘蔽之，遂同歸寺。具晚飧，驩甚相得。聞僧夜誦八十八佛名，師心大快悅，侵晨入覺室曰：「吾兩人有大寶，何以汚在此中耶？」卽解腰纏十餘金授覺，請薙髮，遂禮覺爲師。是夜即兀坐達旦，每私語三歎曰：「視之無肉，喫之有味。」

閉戶讀書，年半不越閾。

嘗見僧有飲酒茹葷者，師曰：「出家兒如此，可殺也！」時僧甚憚之。

年二十，從講師受具戒。

嘗至常熟，遇養齋翁，識爲奇器，留月餘，之嘉興東塔寺，見僧書華嚴，乃跪看，良久歎曰：「吾輩能此足矣！」遂至武塘景德寺掩關三年。

復回吳門，一日辭覺曰：「吾當去行脚諸方，歷叅知識，究明大事也；」遂杖策去。

一日聞僧誦張拙見道偈，至「斷除妄想重增病，趨向眞如亦是邪。」師曰：「錯也，當云方無病，不是邪。」僧云「你錯他不錯。」師大疑之，每至處，書二語於壁間，疑至頭面俱腫，一日齋次忽悟，頭面立消。自是凌轢諸方，嘗曰：「使我在臨濟德山座下，一掌便醒，安用如何如何。」

過匡山，窮相宗奧義；一日行二十里，足痛，師以石砥脚底，至日行二百里乃止。

師遊五臺，至峭壁空巖，有老宿孤坐，師作禮，因問『一念未生時如何？』宿豎一指。又問『既生後如何？』宿展兩手。師於言下領旨。

師至京師，參徧融長老；時知識嘯巖法主暹理諸大老，師皆及門

去九年，復歸虎丘省覺，乃之淞江掩關百日。

時上御極三年，大千潤公開堂少林，師結友巢林戒如輩往參叩；及至，見上堂講公案，以口耳爲心印，以帕子爲眞傳，師恥之，嘆曰：『西來意固如是耶？』遂不入衆，尋卽南還。

至嘉禾，郡城有楞嚴寺，爲長水疏經處，久廢，有力者侵爲園亭。師有詩弔之曰：『明月一輪簾外冷，夜深曾照坐禪人。』志欲恢復，乃屬太宰陸五臺翁爲護法。太宰公弟雲臺公施建禪堂五楹，既成，師命一聯，以血書之，引錐刺臂，流血盈碗，自是接納往來。豪者力拒！未完局後二十餘年，適太守槐亭蔡公，竟修復，蓋師願力所持也。

師見象季法道陵遲，惟以弘法利生爲家務；念大藏卷帙重多，致遐方僻陬·有終不聞法名字者。欲刻方冊，易爲流通，普使見聞，作金剛種子；卽有謗者，罪當自代。遂倡緣，時與太宰光祖陸公，司成夢禎馮公，廷尉同亨曾公，冏卿汝稷瞿公等議，各驩然，願贊佐。命弟子密藏開公董其事。以萬曆己丑，創刻於五臺，屬弟子如奇綱維之。居四年，以冰雪苦寒，復移於徑山寂照庵。

至金沙，師於于園書法華經，以報二親。顏書經處曰墨光亭。

師返都門，復潭柘古刹。師在潭柘，居常禮佛後方食，一日客至，喜甚，誤先舉一食。乃對知事曰：「今日有犯戒者，命爾痛責三十棒，輕則倍之。」知事驚，不知爲誰？頃，師授杖知事，自伏地於佛前，受責如數，而股如墨。乃云：「衆生無始習氣，如油入麪，牢不可破，苟折情不痛，未易調伏也！」

西遊峨嵋，禮普賢大士。

至廬山，尋歸宗故址，與復之。

師復北遊至石經山。晉琬公慮三災壞劫，正法浸滅，乃石刻藏經，安於巖穴。師見而感之！時琬公塔院被力者侵，師志復之。啓石室，佛座下得函貯佛舍利若干，出時光燭巖壑。適聖母聞師至，命近侍陳儒致齋供。特賜紫伽黎，師讓之，謝曰：『自慚貧骨難披紫，施與高人福更增』。因請佛舍利入內供三日。

師生平道友最契者爲憨山大師。嘗會與憨師計修傳燈。乙未，憨師以別緣觸聖怒，詔逮下獄，遣戍雷陽，師相送于南京嘆曰：『公以死荷負大法，古人爲法，有程嬰公孫杵臼之心，我何人哉？公不生還，吾不有生日！』庚子，上以三殿工下礦稅，令南康守吳寶秀不奉令，劾奏被逮，師多方調護。因每嘆曰：『老憨不歸，則我出世一大負！礦稅不止，則我救世一大負！傳燈未續，則我慧命一大負！』

癸卯，忽妖書發，震動中外；時忌者乘日簡劾師，師竟以是羅難，下獄。時執政欲死師，師聞之曰：「世法如此，久住何爲？」乃索浴罷，安然而逝，時明萬曆癸卯（一六〇三）十二月十七日也。

大師示寂後三百三十周年紀念日，後學僧熾蓮摘錄憨公所作大師塔銘之文而成此傳略。

高僧選集 紫柏大師集

目錄

高僧選集

紫柏大師集

明紫柏大師著

後學僧懺選輯

釋毘舍浮佛偈

夫外堅濕暖動而觀之，則此身初非我有；外前境而觀之，則此心本無生處；外心境而觀之，則罪罪福福，皆本無主也。故曰：『假借四大以爲身，』如來大慈，豈欺我哉？

宋黃庭堅，號山谷，有貴人以絹求山谷書自所作文。山谷笑曰：『庭堅所作文烏足寶？惟寒山詩，乃沃火宅清涼之具。』遂書與之。復囑之曰：

『寒山詩雖佳，然源從七佛偈流出。』故山谷凡所行樂之地，書七佛偈最多。而七佛偈中，毘舍浮佛偈，尤爲殊勝！所以然者，蓋過去千佛，徽此佛則莫能成其終；現在千佛，徽此佛則莫能成其始成始成終，實係此偈。是故讀誦書寫受持樂說，流布毘舍浮佛偈者，十方三世諸佛併其神力，現出廣長舌相，讚歎是人功德不少！毘舍浮佛，此言一切自在覺。嗚呼！一切自在覺，一切不自在障，初非異源；故曰：『心佛及衆生，是三無差別。』但諸佛善用其心，則無往而非自在，衆生不善用其心，則無往而非障礙。然此障礙，不從天降，不從地生，亦非人與；以其見有我身，則死生榮辱至矣；以其見有我心，則好惡煩惱至矣。夫死生榮辱好惡煩惱，皆以我身我心爲本源；苟有勇猛丈夫，能直下拔其本，塞其源，則衆生之障礙，未始非諸佛之解脫也。八大人覺經曰：『心爲惡源，形爲罪藪。』予以是愈信山谷謂寒山詩。爲沃火宅清涼之具，源從七佛偈流出，無欺焉。或問曰：枯惡源，空罪藪，有道乎？應之曰：假借四大以爲身，心本無生因境有，此半偈能讀而誦，誦而思，思而明，明而達，則惡源之枯不枯，罪藪之空不空，予自知之，非予口舌所能告也。

夫『心爲惡源，形爲罪藪，』凡血氣之屬必有知。血氣非形乎？知非心乎？嗚呼！形之與心，莫知是何怪物，而毒衆生若此？人有言曰：『修行本無他術，苟能柰何得自己身心便了，』雖然柰何得自己身心，豈細故哉？是以聖人哀之，設大方便，使博地凡夫，卽惡源而爲慈悲之海，卽罪藪而爲功德之林；達形非形，了心非心，非形則形充八極而無累，非心則智周萬物而不勞，如是妙用，莫如毘舍浮佛頌也。毘舍浮佛，此言一切自在覺，此自在覺，炯然獨立於衆生日用之中，初無障礙；然在諸佛便得自在受用，在衆生便成障礙，且道病根在甚麼處？咄！大地衆生成正覺，十方諸佛陷泥犁！

夫患本無根，根於身心，所以顏子墮肢體黜聰明者，拔患根也。老子亦曰：『我有大患，爲我有身，我若無身，何患之有？』由是言之，身乃饑凍榮辱死生之椿也，如以堅濕暖動觀身，則患椿不待推而倒矣。心乃好惡是非之椿，如以物我同根觀心，勞勤好惡雜毒之椿，亦不待推而倒矣。噫！兩椿既倒，身心情枯，堅濕暖動，卽法身也；能好惡爲雜毒者，卽無分別智也。以無分別智之魚，游無邊際法身之海，水不待忘魚，魚自忘，魚不待忘水，水亦自忘，魚水相忘，而浮沈自在清冷之懷，則魚與水皆象先之紹介也。剖塵居士勉之！

毘舍浮佛，此言自在覺，覺與自在，體用互稱耳。蓋覺則自在，自在則覺。故聖人體用圓融，無粗不精，精則一，一則無待，無待則無外，無外則物我同根，天地一體；所以大不廢小，體不廢用。根兮塵兮，根不自立，由塵而椿，塵不自立，由根而賓。由塵而椿，椿果有乎？由根而賓，賓果有乎？兩者既決，物我寂寥。故曰：『寂寥於萬化之域，動用於一虛之中。』故根不礙塵，塵不礙根，大用全而無跡，無跡則物我何在？知此謂之覺，根塵不相留礙，謂之自在。若然者，根未嘗有根，塵未嘗有塵。聖人善用其心，故自在而覺；衆人不善用其心，所以自在覺翻成不自在障耳！余以是知以四大觀身，有身用而無身相；以前境觀心，有心用而無我執，故此半偈，誠破死生之爻象，治心病之醫王也！

夫身心之初，有無身心者，湛然圓滿而獨存焉。伏羲氏得之而畫卦，仲尼氏得之而翼易，老氏得之二篇乃作；吾大覺老人得之於靈山會上，拈花微笑，人天百萬，聖凡交羅，獨迦葉氏亦得之，自是由阿難氏乃至於達磨氏、大鑑氏、南嶽氏、青原氏，並相繼而得之。於是乎千變萬化，鬼面神頭，或以慈悲爲三昧，或以瞋怒爲三昧，或以苦行爲三昧，或以語言文字爲三昧，或以棒喝破沙盆爲三昧，以至於滾木毬，握木蛇，斬蛇伏虎叱龍之類，書不勝擧，如上種種三昧：世出世法，交相造化，使夫衆生日用而不知，而或知，不知卽名凡夫，或知卽名聖人。嗚呼！聖人與衆人初本一條，惟以知不知，乃凡聖分焉。由是而觀：知亦由我，不知亦由我，何天下知者寡，而不知者多？病在何處？良以有生以來，計身心以爲我，而身心之前者，湛然圓滿，妙物無累，反昧之而不覺，一不覺則永不覺。所以威音同稟，以至於今，猶茫然無省，勞他聖人，右提左挈，百計千方，委曲施盡，伎倆亦窮，總不知覺。古人呼此輩謂之行尸走肉，白日小鬼，不亦宜乎？吾毘舍浮佛復不以衆生難度而退願心，說此偈，要使博地凡夫，共登無上。夫無上者，謂身心之初，有大圓鏡智，光徹終古，妙拔羣有，威神莫測，得之卽聖，失之則凡故也。若然者，凡聖之分，不過於身心窠窟，翻得破者，則解脫無方不能翻得破者，則障礙長劫。蓋死生無根，以身爲根，好惡無本，以心爲本，苟能以四大觀身，身何所在？前境觀心，心從何起？知身所在，卽身有而無累；知心所起，卽心有而不生。身有而無累，生死何妨？心有而不生，應物何礙？生死何妨，則願輪常轉；應物無礙，則慧日常明。雖然，初心學人，不以持偈爲梯航，則苦海難度。又持偈有上中下之不同：上者以其天機深妙，觸偈卽悟；中者惟持久始得心開；下者由讀而誦，誦而能持，持而能熟，熟則或以此生得入，或以多生得入，入則本同，上達無異。以此觀之：根無利鈍，能信者皆得出苦！何故自甘暴棄？或以貧賤累而不能持偈，或以富貴累而不能持偈；貧賤富貴，雖榮辱不等，累無兩般，且年光不可把玩，老病不與人期，一息不來，便成他世，凡百罪業，是汝作者，不免隨之，隨而不離，如影隨形，天上人間，太虛空中，總無你逃避處，如可逃得？則一切佛祖聖賢之聰明，不若凡夫之愚癡矣！

「假借四大以爲身，心本無生因境有。」夫有生之患，莫大於生死。而生死之患，惟至人則能超然無累；下是則孰不受其累？然生死又本於有身，老氏云：『我有大患，爲我有身。』故出世聖人，示此偈開悟是輩。此身不過五行攢簇而成，四大合併而有。所言四大者，地水火風是也。此四何名爲大？謂其無處不徧，故稱之爲大。此四大在身，則爲肉、爲皮、爲筋骨、爲血脈、爲痰唾、爲津液、爲熱氣、爲動轉，今現前此身，不過此等合成。既合成矣，衆生不悟非堅確然執之爲身；故臨死生之際，處利害關頭，心神恍惚，千算萬計，不過要保全此個軀殼子！殊不知此身，皮肉筋骨，感地而有；血脈津液，感水而有；一切熱氣，感火而有；凡百運轉，感風而有。故智者不待閒時方作此想，於日用中常作此想：皮肉筋骨，原從地有；血脈津液，原從水有，熱氣原從火有；動轉原從風有。此四大者，一切衆生，凡有血氣之屬，皆所共有，我何癡迷？確然妄執爲身。此想周旋俯仰，進退屈伸，常專注不斷，漸漸純熟；一旦頓悟，此身何在？故昔人有悟之者云：『將頭臨白刃，猶似斬春風。』且一切生死衆患如箭，我身如垜，既悟此身，堅濕煖動，各還其本，垜尙不有，箭來誰受？故曰：『假借四大以爲身也。』夫心有眞心，有妄心。眞心則聖人與凡夫無所間別者，無所增損者，廣大靈明，廓然充滿。本無生，安有死？本無來，安有去？離生死，絕去來，不離日用，湛然常在。不可以有心得，不可以無心求，惟神而明之者可幾也。此心不悟，雖衣冠楚楚，總是行尸走肉！人爲萬物之靈，於此不悚然懼惕然省者，非顚倒卽着鬼迷矣！妄心者，感物而有，受制於物。故逢順境則喜，逢逆境則瞋，憎愛交加，靈臺汨沒，一受於心，恨不卽釋，喜不卽化，此皆妄心也。眞心，雖然應物，物不能累。如明鏡照像，雖辨姸醜，而本無心。妄心，則因境有，卽受境累，故曰：『心本無生因境有』也。

毘舍浮佛，此言一切自在覺，既自在覺矣，有何物而爲障礙哉？然未覺者，不免一途成滯：見色則被色障礙，見空則被空障礙。忽然而有身則被身障礙；介然而有心，則被心障礙。身障礙，生老病死；心障礙，喜怒哀樂。是以周旋一光之中，而妄成角立；既角立矣，一切不自在至矣！生有老迫，老有病迫，病有死迫，喜有怒迫，怒有哀迫，哀有樂迫，迫者相催之謂也。嗚呼！生若定常，老不可迫；喜若定常，哀不可迫，以其無常，流之莫能已也。惟有道者，達身無常，四大成故；達心無常，前境生故；達四無常，一身待故；達境無常，因心有故。借一蕩四，四無所立；借四蕩一，一無所存；借境蕩心，心初不有；借心蕩境，境不自留。一四互蕩，心境兼忘，一身而爲無量之身，身相不壞一心。而慮周萬物，寸抱本閒，由一切不自在，入一切自在。達之者，剎那可以超曠劫，如其未達解脫幢，即成行尸肉塊，智慧津，翻作苦海逆浪！自古及今，豪傑英雄，打破這關捩子不得！雖功高千古，名光萬世，於本分上事，了無交涉。故生時受生迷，老時受老迷，病時受病迷，死時受死迷，喜怒哀樂時受喜怒哀樂迷，以迷續迷，迷迷無斷日。人爲萬物之靈，而靈不悟，以靈續迷，爲一切黑業本，山高海積，未有撼竭之時；少知自反者，安得不懼乎？又靈如融通之水，迷如窒礙之冰。融通，則在方而方，在圓而圓；窒礙，則方則定方，圓則定圓。方圓無滯之謂活，方圓有定之謂死。是故聖人居方圓，而方圓莫能滯；以無滯故，所以能通天下之情。衆人則不然，見方而被方惑，見圓而起圓執。所以在聖人卽死而活，在衆人卽活而死；故聖人謂之生人，衆人謂之死人。由是觀之：自上古以來，所謂生人者，能得幾何哉？爲聖不難，難在通靈；苟能通靈，非惟身心俱靈，大則虛空天地萬物之夥，微則一介一塵一毛一髮，靡不靈矣。至於三藏六經，諸子之流，百工之技，亦無不通。故達身靈通，無事可礙；達心靈通，無理可障。化生老病死，爲無上涅槃；迴喜怒哀樂，證大菩提。涅槃菩提，從身心得，若無身心，二果何階？故曰：此身爲塵勞山，此心爲雜毒海。一旦達身無已，塵勞山卽功德聚也；達心如幻，雜毒海卽般若漿也。人爲萬物之靈，不自重，甘爲死人，不爲生人，可悲已！

此半頌，特十四字而已；然大藏與一千七百則機緣，九經二篇百家之要，莫不備焉。子若張而演之，雖大塊爲墨，崑崙爲筆，天風爲手，虛空爲紙，莫能盡也。故曰：佛法有不思議力，既曰不思議，豈可以衆生臆見揣摩而能知耶？但當諦信受持，則終自悟入。夫信則誠，誠則一，一則我持頌之心，了無所附麗。如是積久，則身心横計，一朝爆落，則生死鑄而爲涅槃，煩惱化而爲菩提矣。此兩者謂之二轉依果：所謂轉生死而依涅槃，轉煩惱而依菩提也。然凡夫心識麤浮，卒不能制之一處，故須由讀而誦，誦而持，持而專，專而一，一則隣化；隣化則將乘緣生而入無生矣。

達觀道人，嘗以毘舍浮佛傳法偈授人時，必曰：『持千百萬遍，自在受用現前矣。』毘舍浮佛，此言一切自在覺，而深推其旨，大要破衆生身心之執耳。故曰：『假借四大以爲身，心本無生因境有。』卽此觀之：一切衆生，從無始刦來，至於今日，莫能自在於死生憎愛之中者，良以見有自身，則身相爲礙；見有自心，則心相爲礙。嗚呼！身相礙於外，心相礙於內，一動一靜，內外相礙，無須臾超然之境，可哀矣哉！卽此相礙之境，在聖人日用中，而身充法界，如月赴衆水，知周萬物，如鏡照羣象，不速而至，不勞而遍。東坡大悲閣記，乃此偈註疏也。其略曰：大悲者，觀世音之變也。至何獨疑於大悲乎？如以東坡之意推之，則心念不靜，應物必亂。非東坡不知卽動而靜，卽色而空。蓋東坡量自己分上，只體得理具光景，未到無身而現多身，無心而智鑑羣品地位；如此地位，非大菩薩，豈易爲哉？然觀東坡理具之旨，則所見無惑矣。體此無惑之見，於憎愛境上，死生關頭，眞實挨將去，到佛菩薩地位，終有時在也！

釋金剛經

心外無法，如來實語；水外無波，聖人切喻。但衆生從無始以來，名言習氣，染深難化。故聞凡着凡，聞聖着聖，聞有着有，聞無着無，聞生死着生死，聞涅槃着涅槃，聞世界着世界，聞微塵衆着微塵衆；本心卽隱沒，被名言所轉，執而忘返，埋沒自性。所以如來於般若會上，說金剛經，卽世界而破微塵衆，卽微塵衆而破世界堅習。堅習既破，微塵習除，虧一喪兩，一兩既喪，本心頓露。故六祖曰：『不思善，不思惡，阿那箇是明上座本來面目？』此老卽善惡情上，指渠曉得箇無善惡的。這箇無善惡的，名有多種：

曰本性，曰眞心，曰佛性，曰本覺等。故天機深者，不受名言所染，能卽名言而悟名言不及者。如此經以世界微塵衆情上，如來宛轉方便，借微塵衆破世界有名無實，借世界破微塵衆有名無實，究竟兩者名實無當，情消性復；卽與六祖因善惡之情悟無善惡本來面目，初無差別。卽此而觀：若不能卽名言，了悟得名言染不得的，不惟世界卽一合相，微塵衆亦一合相也。何以故？情未破故。吾故曰虧一喪兩。茲衆位偶聚淜上，結金剛般若緣，此非就地抽苗，皆是多生曾親近諸佛菩薩來，所以不期邂逅。道人與世泊然，初無他慕，今更深夜靜，白燭光中，不惜口業，世出世法，將高就低，種種辟喻，委曲剖析此一分經。雖衆位根器生熟不同，或聞道人拈提，或有所入，或無所入。解者，自今日後，由麤而精，旣精則必入神；旣能入神，則一切名言，世界微塵，聖凡善惡，把柄在自手裏，彼名言安能轉我？未解者，自今日後，必須要解，始不負堯峯中此翻邂逅！且老病不與人期，流光不可把玩，世出世法，各須努力！

衆生情計，不此卽彼，不聖卽凡。故曰：『聖凡情盡，體露眞常。』今世界可碎，微塵可合，則世界與微塵，未始有常也。而衆生於未始有常之間，計世界爲一，計微塵爲多，不一卽多，不多卽一，酣計而不醒；從無始以來至於今日，死此生彼，死彼生此，究其所以，不過我見未空，隨處計着！故如來曰：『一合相卽不可說。』凡夫貪着其事，利根衆生，苟知合微塵而有世界，世界果有乎？碎世界而爲微塵，微塵果有乎？嗚呼！此貴在自悟，不貴說破。所以如來於此經提無生之綱於緣生之中，眞深慈大悲也！

夫碎世界而爲微塵衆，微塵果有乎？合微塵衆而爲世界，世界果有乎？此兩者互爲主客，迭相蕩洗，而一多之情，豈煩天風海濤鼓漱然後滌除者哉？故善用其心者，終日處乎一多之中，而一多不能累也。反是者，則不勝累矣。故此經曰：『一合相者，卽非一合相，是名一合相。』而凡夫貪着其事者，是不達一多無常，主客無定故也。如能達之，則一合相未始非天人師焉。蘇長公有言曰：『溪聲便是廣長舌；』吾則曰：一合相便是廣長舌也。或者以長公爲是，以我爲非，以我爲是，以長公爲非，此所謂癡人前不可說夢也。

世界與微塵衆，往復研之，但有名言，俱無自體；謂世界合微塵衆而有，謂微塵衆碎世界而有，皆衆生橫計也。然此橫計，不無其因：始因於事不精理不徹而生。事精，則能了知事外無理；理徹，則能了知理外無事。事外無理，事果有乎？理外無事，理果有乎？是以性宗不成，相宗始精；相宗不成，性宗始圓。精卽圓故，精而無思；圓卽精故，圓而歷然。無思，故卽事而契同；歷然，故卽理而彌照。此等受用，自他滿足。但因中易知而難證，果中易證而難忘。噫！因中卽受用，果中受用忘，此非披毛戴角者不能也。

夫人我衆生壽者四見，初本一我見耳；以展轉橫計，遂成四見。若以智眼觀之：則一心不生，我尚不有，誰爲我見？我見既拔，則餘者不待遣而自空矣。又我見者，無主宰中强作主宰之謂。人見，則待我而生。衆生見，卽循情分別，不能返照之謂。壽者見，不過貪生畏死之念也。用是觀之：則金剛經所說四見，實不在經，卽在吾人周旋日用逆順之間，與佛何干？雖然，若不是這瞿曇老漢曲折點破，則茫茫大塊，終古不旦矣！

佛問須菩提曰：『若人碎三千大千世界而爲微塵衆，是微塵衆，可謂多乎？』須菩提曰：『甚多。』予以是知須菩提之意，以爲不但多耳。諦觀而察之，誠乃有名無實。故曰：『卽非微塵衆，是名微塵衆。』復次世界之意，亦有名無實耳。故曰：『卽非世界，是名世界。』蓋微塵自無其體，必碎世界而有；世界亦無其體，必合微塵而成。故以世界觀塵，世現而塵不現；以微塵觀世，塵形而世不形。或計多碎相，則多碎相現；計一合相，則一合相現。多碎相，卽微塵之別名；一合相，卽世界之異稱耳。若當機頓了，多碎相與一合相，皆有名而無實；則一多之情，不待掃而自盡矣。一多之情既盡，則我固有之心光，昭然現前矣。故曰：『凡聖情盡，體露眞常。』又此情緣一而起謂之一，情緣多而起謂之多，情緣凡而起謂之凡，情緣聖而起謂之聖，情故一一多多凡凡聖聖，不過一情之橫計耳。又曰徧計，又曰前塵相想，又曰六塵緣影，皆此情之別名也。圭峯科此段義，謂證法界，有味乎哉？

夫有卷則有舒，有聚則有散，有合則有碎，此自然之理也。故如來呼須菩提而告之曰：『若三千大千世界可碎而爲微塵，是微塵衆，果多耶少耶？』須菩提承佛而言曰：『甚多。』夫碎大千世界而爲微塵，以凡夫心量較之，則不勝其多矣。若如來所知，則不勝其少也。豈微塵多少之數，如來不知，乃待須菩提定耶？蓋如來逆知一切衆生，雖根有鈍利之不同，而執世界爲一合相，未始有不同者也。但利根衆生，一聞世界可碎而爲微塵，則不待須菩提言『多微塵，卽非微塵衆，是名微塵衆，』然後悟世界必非一合相。柰鈍根衆生須待須菩提密破其微塵多衆之執，然後知一合相。初本非世界，假衆微塵合而始成世界，世界既合，微塵衆而始有者。則世界當一合相住時，住本無住，合本無合；豈待碎世界而爲微塵衆然後一合相始破哉？又須菩提以爲我與如來，碎世界而爲微塵，合微塵而爲世界，合合碎碎，重疊翻騰。上根與中根，固已皆悟世界本無，合微塵而有；微塵亦無，碎世界而有。至此則一多之執情，不待觀空然後破也。柰下根之難悟，所以須菩提復拈『三千大千世界，卽非世界，是名世界，』顯告而曉之曰：『若世界實有者，卽是一合相，世界若是一合相，則如來往嘗又說一合相，卽非一合相，是名一合相。』此又何耶？如來與須菩提憫衆生執情之難破，味着此身，計爲實有，委曲翻騰。而下根衆生執解未盡；故如來呼須菩提而再告之曰：『一合相者，卽是不可說，』但凡夫之人貪着其事，豈須菩提不知一合相卽非一合相，待如來再告之而後曉耶？蓋如來借須菩提而深責下根，執現前之身橫謂實有而味着也。嗚呼！初碎世界而爲微塵，徵微塵而非有，微塵非有則世界無體。故須菩提不先破一合相之執，而先破多微塵之執，蓋多微塵旣破，則一合相之執，不待破而破矣。何者？多爲一體，多破則一無體矣。一多情盡，則世界與微塵，皆清淨法界也，指何物爲世界微塵耶？學者知此，則我如來父子翻騰剖析之苦心，方始知也！如果知之，則三千大千世界之堅，初碎而爲微塵，再合微塵而爲世界，何異一紙卷舒，浮雲之聚散者哉

釋十二因緣

所謂十二緣生者·無明，行，識，名色，六入，觸，受，愛，取，有，生，老死。不了自心，謂之無明。既成無明，則必循緣，謂之行。循緣則必分別，謂之識。既成識矣，則必橫計，橫計實無其體，但有虛稱，謂之名。身因橫計所有，塊然一物，謂之色。然而名色解雖次第，乃一支也，根境相敵，謂之觸。觸則領納，謂之受。受必耽着，謂之愛。愛而不捨，計爲常有，謂之取。取而執實，謂之有。有則有生。生則有老，老則有死。自無明至老死，謂之十二支。此十二支，爲一切衆生生死煩惱之窟宅，亦是一切諸佛菩提涅槃之樂土也，顧行人治之何如耳？

夫十二因緣者：謂因無明而緣行，因行而緣識，因識而緣名色，因名色而緣六入，因六入而緣觸，因觸而緣受，因受而緣愛，因愛而緣取，因取而緣有，因有而緣生，因生而緣老死，是名十二因緣：然無明與行，則屬過去。識，乃過去之終，現在之始耳。名色，六入，觸，受，愛，此五支則屬現在。取，乃現在之終，未來之始也。有，生，老死，此三支則屬來世。又無明，有迷理無明，有迷事無明。迷理無明，謂不了第一義諦，普光明智中本無古今凡聖身心，即此不了，名之迷理無明。迷事無明，謂執現前四大假合之身，四蘊橫集之心，此是我身，此是我心，只此執着分別者，順則歡喜，逆則煩惱，此點執受，名之迷事無明。故曰迷理無明未破，決不能達本；迷事無明未破，決不能忘情。以不達本故，法身本有而不悟；以不忘情故，色身本無而橫執。

此執不消，依之而造善惡之行。行成謂之業，業熟謂之果，受苦樂時謂之報，此就行一支而演說也。識則以行業牽引受果報分別投胎，妄起憎愛名識。此識投胎之後，在母胎中，作赤白主，無有形段可見，但有其名，故謂之名。色，卽赤白和合；至第五個七日，名形位，謂諸根四肢，似有而未全，故謂之色。六入，則名色已後，至第六個七日，名毛髮爪齒位，至第七個七日，名具根位，謂六根開張，有入六塵之用，故名六入。此兩支皆胎中具若形位，毛髮爪齒位。又名色六入兩支間開出也。觸則出胎已後，至三四歲時，六根雖對六塵，未能了知，故苦樂想未生，名觸。受則謂從五六歲至十二三時，因六塵觸對六根，卽能納受前境好惡等事，雖能了別，然未能起淫貪之心，但名爲受。愛謂從十四五歲至十八九歲時，貪於種種勝妙資具，及淫欲等境，然猶未能廣徧追求，但名爲愛。取，則從二十歲後，貪欲轉盛，於五塵境，四方馳求，曾無厭足，故名爲取。此五支，雖在胎出胎之不同，總屬現在。取，則是現在終，亦未來始。先已揀之，此復略顯。有，謂因馳求諸境，起善惡業，積聚牽引，當生三有之果，是名爲有。三有，則欲有，色有，無色有。是此三有，又名三界。生，謂從現世善惡之業，後世還於六道四生中受生，是名爲生。老死，謂從來世受生已後，五蘊之身，熟已還壞，故名老死。

嗚呼！此十二因緣，非三達洞明，五眼圓照，孰能至於此？雖然學不檢名，名不審義，義豈能精？義既不精，則終難入神；義不入神，則實用無徵；實用無徵，雖說時似悟，對境終迷耳。故一觸死生禍福之機，便作不得主宰，以致名敗德喪，取笑千古，退世人之信心！即此觀之，不以佛祖聖賢自任，則十二因緣之名，尚不及聞，況能檢名審義精義入神以致用哉？即太史公號稱博古，於三世報復，猶疑而不了，況其他耶？如史遷於十二因緣能檢名審義，一心了知，則三世報，決不至失言取笑於後人。嗚呼惜哉！

唯識略解

夫搜剔陰陽之奧，囊括造化之精，洞洪濛之源，破渾沌之竅，超儒老而獨高，冠百氏而弘深，舍「唯識」之宗而他求，未之有也。夫唯遮境有，識箇心空；遮境則識外無法，箇空則非同枯滅。是以夷斷常之坑，塞生滅之路。圓彰中道，刊定因明；魔外望絕，凡聖共遵耳。然識有八種，有「心王」「心所」之殊；苟非智慧空靈，思量妙絕，豈易窺其庭哉？阿賴耶識等，大略窮其所由生，直以眞如照極反昧，生滅與不生滅和合，謂之證自證分。卽如醒人忽爾昏作人語，雖聞而不能了了，謂之醒耶；又不能了了，謂之昏耶，人語又聞，此之謂昏醒相半；迷悟之關也。此等時節，有人喚之，則昏隨醒矣，不喚，則醒隨昏矣；醒既隨昏，而外不能了境，又不作夢，惟昏然而已，謂之自證分。此等時節位無能所，冥然獨存也。少頃頓夢種種悲歡苦樂，據能觀而言，謂之見分。卽所觀之所，卽相分。或問曰：見相二分，前後生耶？抗然生耶？余應之曰見相二分，謂之前後生者，現量之中，不許有無分別；纔生分別，現量滅矣。謂之抗生，則能所弗同也。此四分乃八識之本，故有志於此宗者，不可不留神焉！四分通澈，則八識之綱，思過半矣。

夫八識四分，乃相宗之綱骨也。阿賴耶識，末那識，分別識，眼，耳，鼻，舌，身五識，謂之八識。證自證分，自證分，見分，相分，謂之四分。究本言之：八識四分，初無別體，特以眞如隨緣，乃成種種耳。夫眞如隨緣之旨，最難明了，良以眞如清淨，初無薰染，如何瞥起隨緣耶？於此參之不已，忽然悟入，所謂八識四分，不煩少檢，唯識之書，便能了了矣。故曰性宗通而相宗不通，則性宗所見，猶未圓滿，通相宗而不通性宗，則相宗所見亦未精徹。性相俱通，而未悟達磨之禪，則如葉公畫龍，頭角望之非不宛然也，欲其濟亢旱，興雷雨，斷不能焉。是以有志於出世而荷擔法道，若性，若相，若禪宗，敢不端誠而留神哉？惟相宗名義數多，若非心智妙密，委曲精搜，實未易明也。今則取大略稍論而疏之，但粗曉蒙孺耳。大抵阿賴耶識，通前眼，耳，鼻，舌，身五識，當併而發揮之，似覺易明。蓋阿賴耶識，及前五識，皆屬現量，又皆上品果中轉也，若第七識，第六識，則三品皆具。三品者，見道爲下品，修道爲中品，究竟爲上品，故七六因中轉也。或曰：前五識成無漏相應心品，現身益物，何以先言第八成無漏耶？以圓明初發，乃第八識相應心品，成大圓鏡智，故其前五根，卽第八識所變相分，能變本識。既成無漏，所變五根，自當卽成無漏矣。能發五根，既成無漏，則所發五識，遂成無漏，何疑哉？或曰：既言八識轉成四智，何故却言相應心品耶？對曰：唯識第十云：『此四品總攝佛地，一切有爲功德皆盡，此轉有漏八識七識六識五識相應心品如次而得。』智雖非識而依識，轉識爲主，故說識轉得。又有漏位，智劣識强，無漏位中，智强識劣，爲勸有情，依智捨識，故說轉識成智也。大乘所緣緣義曰：言是帶己相者，帶與己相，各有二義。言帶有二義者：一則挾帶，即能緣心親挾境體而緣。二則變帶，即能緣心變起相分而緣也。親挾者，謂之實境；變起者，謂之假境。假境者何？即實境影子也。影子者何？謂前五識親挾實境，乃任運而緣，不帶名言，現量中也。譬諸明鏡，物臨即照，原無心也。纔覺妍醜，現量已滅，即落比量矣。余是知假境影子，意識所緣耳。又能緣心變起相分而緣，亦假境也。今安慧宗中，妄謂『因中無漏五識，能緣眞如，』殊不知五識成智，必待第八識轉而爲根本智，然後五識轉成所作智也。此中目此智爲後得者，何也？謂根本而後得也。以五識及第八識皆屬現量，果上同轉故也。彼謂因中五識未轉智而能緣眞如，非妄而何？縱於果上識雖轉智，第能照俗而不能緣眞如故。護法師曰：『果中猶自不詮眞，』況因中乎？

法語（選錄三篇）

一　盲師資七大錯

此來佛法大患，患不在天魔外道，患在盲師資七大錯耳！

一者，以爲禪家古德機緣，可以悟道，悟道斷不在敎乘上。我且問你：安禪師讀楞嚴破句悟道，永嘉看維摩經悟道；普菴肅禪師、英邵武皆讀華嚴論悟道。你謂唯禪家機緣可悟道，敎乘不可悟道，豈非大錯？

二者，以爲知見理路障自悟門，道不從眼耳入，須一切屏絕，直待冷灰豆爆，發明大事，始爲千了百當，一得永得。我且問你：當世黑白中誰是有知見理路者？你若果檢點得一個半個出，我也不管他悟道不悟道，敢不惜之！只恐亦不多得？一日王介甫問蔣山元禪師曰：『教外別傳，可得聞乎？』元曰：『公有障，且以教海資茂靈根，更一兩生來乃可耳。』今人去介甫遠甚，尚未解爬，先學走，豈非大錯？

三者，以為念佛求生淨土，易而不難，比之參禪看教，唯此着子最為穩當。我且問你：淨土染心人生耶？淨心人生耶？半淨半染人生耶？全淨心人生耶？若染心人可生淨土，則名實相乖，因果離背。若半染半淨生淨土者，吾聞古德有言：『若人臨終之際，有芥子許情識念娑婆世，斷不能生淨土。』若全淨心生者，心既全淨，何往而非淨土，奚用淨土為？如是以為念佛一着子能勝參禪看教，豈非大錯？

四者，有等瞎公雞，聞眞雞啼，假雞啼，皆倣効作種種聲。以為動念即乖本體，思量便落鬼家活計，況復有言乎？我且問你：此等見識，爲是解？爲是行？解則何乖動念？何病思量？古人有五斗米飯熟後，方能酬一轉語，亦不乖本體；諸大禪老皆許其悟徹。又曰：思之思之，鬼神將通之，非鬼神通之，心開而明也。思量何傷？觀音聞思修三慧，熏化一切，你偏以思量爲病，豈非大錯？

五者，人生未必無欲，有欲能制而弗隨，非賢者不能。又有縱而不制者，頗籍多生慧種，稍涉獵敎乘，或得一知半解，卽眼空一切，以爲古人造理不過如此，本來無事，何必別參？於逆順境風之中，又東飄西蕩，作不得一毫主宰。我且問你：古人見得卽用得着，你這般沒頭腦，卽見得用不得，尙未夢見，敢無慚無愧，莽撞說大話，徒招苦報，豈非大錯？

六者，三教中人，各無定見；學儒未通，棄儒學佛；學佛未通，棄佛學老；學老未通，流入傍門，無所不至。我且問你：你果到孔孟境界也未？若已到，決不作這般去就。若未到，儒尚未通，安能學佛？佛尚未通，何暇學老？又有一等人謂佛家道理，先是義利關頭，便見不明白，何況聖道？且其書汪洋汗漫，卒不能摸其邊徼，不如各守己道，却不省事。我且問你：你悟佛心否？若悟佛心，心自無疑，無疑則無悔，無悔卽入信。今你不愧自己天機淺陋，反疑佛經，豈非大錯？

七者，在家出家之人，較唐宋黑白天淵不同：唐宋時人，若裴休，蘇軾，於宗教兩途，並皆有所悟入，弋一句一偈，讚揚吾道，猶夜光照乘，千古之下，光不可掩，粲然與佛日爭明，卽吾曹或與之酬酢。若韜光禪師答白樂天偈，寂音尊者酬陳瑩中之古詩，亦自風致有餘。至於碑文經序，雖長篇短述不等，然與修多羅若合符契，非眞得佛心者，孰能臻此？至本朝自宋濂以來，能以語言文字讚揚吾道者，不道全無，敢謂亦少。蓋唐宋諸公與方外人遊，俱能超情離見，裂破俗網，置得失榮辱於空華之中，心心相照，如兩鏡交光相似，故其遺風餘烈，後人自不能附贅。嗚呼！以情求道，所謂首越而之燕也；去情求道，所謂離波而覓水也。若人於兩者之間，別有出身之路，不涉忌諱，管取不參禪，不看敎，敢保他悟道有日。如以兩者之間立脚跟不定，不若做個長行粥飯人，豈不是好？又今之僧俗，或親師訪友，未見師友之心，便乃揣摩卜度：某師不過如此，某友亦不過如此。此心既生，則雖如來復起，亦不能利益渠矣；況其它乎？凡親師訪友，譬如摘桃，寧暇管其樹之曲直，唯在桃美而已。若然者親師訪友，剛以情識求道，豈非大錯？

如是七錯：我也是趁口胡說，一上不知，黑白賢豪以爲如何？然此七錯，亦是醍醐，亦是毒藥。能善用之，毒藥未始非醍醐；不善用之，醍醐未始非毒藥。我又問你：此七錯，一念未生時着在何處？一念已生時着在何處？若人辨得出，老漢與他提鞋挈瓶有日在；如辨不出，不可草草，惹他明眼人笑你去！

二　示東西雲居寺僧衆

自佛法東來天下但知有佛而後有法，有法而後有僧，殊不知過去諸佛，現在諸佛，未來諸佛，及十二部經，皆以僧爲本源也。故曰：僧者佛法所從出，而本源不清，則佛之與法，有若無也。乃僧之本源，則又基於性事二戒。性戒者，洞明自性，決了無疑，卽名性戒。事戒者，初則根本五戒，中則沙彌十戒，後則比丘二百五十戒。五戒者：不殺，不盜，不婬，不妄語，不飲酒。十戒者：五戒後續增不香油塗身，不坐高廣大牀，不故往聽音樂，不手捉金銀生像等，不過中食。二百五十戒者茲不暇述。是名事戒：邇來世道交喪，凡爲僧者，事戒茫然不知，況望其洞明性戒乎？

涿州石經山，爲天下法海，自隋琬祖以來，龍像蹴踏，振揚宗教，代不乏人。逮我明，珠林鞠爲草莽，金碧化爲泥塗！究其病源，在吾曹性戒不明，事戒不持故耳。

老漢實於此山有大宿因，感慨今昔，不能坐視，於是命諸檀越，贖琬公塔院，已贖自隋以來高僧骨塔二百餘座已復思業既失而歸，復復而無所守，不若不復。乃集東雲居西雲居兩寺住持幷執事僧等，撞大鐘，撾法鼓，稟報十方諸佛，釋迦如來，一切賢聖僧，思大尊者，琬公尊者，諸護法靈聽，本寺護伽藍神等，授以毘舍浮佛傳法頌，開性戒之本源也。次告以根本五戒者，培事戒之鎡基也。爾等自今而後，各宜懺悔前愆，改往修來，於毘舍浮佛頌，始而能讀，讀而成誦，誦而無間，忙閒則性戒有日明。於根本五戒，勉强受持，能千日不犯，則盡形壽可持矣。噫！仰佛寵靈，及大善知識委曲提拔，性戒事戒，果能如車兩輪，如鳥雙翅，保重不失，則運遠騰空有何難哉？

咄！八十翁翁上場來，決不是小兒戲，爾等也須知好惡，則佛本源枯而復榮，涸而復溢，端在是矣！

三　讀顏氏家訓示修聞

梁元帝在會稽，年始十二，便能好學。時又患疥，手不得拳，膝不得屈，閉齋張葛幃，避蠅獨坐，銀甌貯山陰甜酒，時復進之，以自寬。率意自讀史書，一日二十卷，既未師受，或不識一字，或不解一語，要自重之，不知厭倦

義陽朱詹，世居江陵，後出楊都，好學，家貧無貲，累日不爨，乃時吞紙以實腹。寒無氈被，抱犬而臥，犬亦飢虛，起行盜食，詹呼之不至；哀號動鄰，猶不廢業，卒成學士，官至鎭南錄事參軍，爲孝元所禮。

嗚呼！一則帝胄之尊，童稚之逸，尚能如此，況於士庶，冀以自達者哉？一則貧困到骨，猶呑紙實腹，竟不廢業！

今吾曹藉大覺老人之靈寵，家山徧十方，衣食可終老，不以寸陰自惜，而飽食横眠，遊談無根，以消白日；較諸梁元帝朱鎭南，猶斥鷃之匹大鵬也。且彼世間之學，一期報受，不啻漚華空影，能精勤克勵，置形骸於度外，寳學問若珠璣，必冀成名而後已。吾曹變形毀服，割情絕俗，爲求無上菩提，一生不克則再生，再生不克，必至於無盡生；克則始已而志不逮梁朱！譬如求石女生兒，層冰中覓火燄，安可得哉？

邇來去古逾遠，風俗愈薄，出家兒成羣逐隊，游州獵縣，上則以爲山水可以益道心，終年貪觀無厭！中則持半扇破瓢，披一領重衲以則謂之修行矣！下則猶有不可勝言者：所謂禪之與講，不知是何等味？又有一種野狐魔子，記得一兩端因果，便謂我通講矣！學得幾句沒把柄話，便謂我解禪矣！

逆而推之，法門之弊，一至於此者：大抵爲師者，最初一念，斷不眞實，爲生死出家；爲弟子者，最初出家一念亦必不眞。上下既皆不眞，豈有不眞之師而能敎眞弟子哉？豈有不眞弟子而能親近眞正之師哉？用是觀之：祖道下衰，固其所也！

若幸童眞出家，卽居名山，又得親近諸大耆宿於清涼山，朝薰夕炙，等閒吒叱鞭朴之間，轉常情爲智光，移染習爲淨習。所讀者皆佛祖靈篇。若不能外形骸以道自勝，積微成著，受滴爲海，徹己躬大事，大報佛恩，則生一日不如蚤死一日也！

刻藏緣起

嘉隆間，袁汾湖以大法垂秋，僧曹無遠慮，不思唐宋之世，大藏經板，海內不下二十餘副，自元迄明，南都藏板，印造者多，已模糊不甚清白矣。且歲久腐朽，燕京板雖完壯，字畫清白顯朗，以在禁中，印造苟非奏請，不敢擅便。又世故無常，治亂豈可逆定。不若易梵筴爲方册，則印造之者價不高，而書不重。價不高則易印造；書不重則易廣布。縱經世亂，必焚毁不盡，使法寶常存，慧命堅固！譬夫廣種薄收，雖遭饑饉，不至餓死。時法本禪人，實聞此言。但本公自顧力弱，不能圖之；然此志耿耿在肝膈間，無須臾敢忘者也。

至於萬曆七年，予來自嵩少，掛錫清風涇上。去大雲寺不甚遠；寺有雲谷老宿，乃空門白眉也。時本公爲雲谷侍者，予訪雲谷於大雲，復值本公在焉。既而及刻藏之舉，以爲非三萬金未能完此；衆生以財爲命，豈易乞哉？大都常人之情，有傷其命，雖父母兄弟妻子之間，有不悅者；以世外之人，乞人性命，誰願之哉？予曰：小子何不見大若是乎？但恐辦心不眞，眞則何慮無成？且堂堂大明，反不若宋元之盛哉！宋板藏經亦有書刻者，元板亦不下十餘副，子急圖之，毋自歉！老漢雖不敏，敢爲刻藏之旗鼓。旗所以一人之目，鼓所以一人之耳；目一則明，耳一則聰；聰之與明，衆生之所本有者，特無大法以熏開其心，故雖有而不能用。子謂衆生財與命同，以故難乞，殊不知以財爲重者，誠聰明未啓耳；如聰明一啓，卽知此身幻化非堅，此心起滅不常矣。既知此矣，卽乞其頭，亦歡然願施者，況身外阿堵物耶？於是法本輩化弱爲强，轉狹爲廣，視刻藏之舉，若壯士屈伸臂耳，了無難色，然猶未舉行也。

及密藏開公問法於老漢，因而囑以刻藏之事。開公曰：『易梵筴爲方册，則不尊重，無乃不可乎？』予破之曰：金玉尊重，則不可以資生，米麥雖不如金玉之尊重，然可以養生。使梵筴雖尊重而不解其意，則尊之何益？使方册雖不尊重，以價輕易造，流之必溥，千普萬普之中，豈無一二人解其義趣者乎？我又聞之：我法如塗毒鼓，於衆人中擊之發聲，無論有心無心，聞之者，命根皆斷。若然者，不惟尊重供養者，有大功德，卽毁之謗之之徒，終必獲益！且娑婆度生，以折門爲先，攝門次之。縱使輕賤方冊之輩先墮地獄，受大極苦；苦則反本，反本卽知墜地獄之因。知因則改過，改過則易輕賤爲尊重。是以攝之不可則折之。以折之之故，則見有地獄，既見地獄，則痛想天堂矣，由信天堂而信佛。故尊重與輕賤，乃翻手覆手耳！老漢但願一切衆生，輕賤佛法墮地獄中，因地獄苦發菩提心。若然者，易梵筴爲方冊，則廣長舌相，猶殊勝萬萬倍矣！子何不智若此乎？於是道開聞予言，泣涕俱下；跪而發誓曰：『謹奉和尚命，若有人舍三萬金，刻此藏板者，道開願以頭目腦髓，供養是人！』

自今而後，藏板不完，開心不死。

由是觀之：則法本道開，不才老漢，及現前一切刻藏施主，皆袁汾湖之化身也。

刻大藏經疏

大覺示生，順機緣而應質；聖人制誥，愍同體以垂慈。大夢雷霆，幽霄日月，揭萬古之昏蓋，活羣靈之慧根。半字滿字，宛轉剖本有之光，大身小身，方便現圓迴之相。道高則聲聞自遠，義備則圓照無虧。理不乖事，開凡聖之正因；色不異空，杜魔外之邪見。滋多生之淨種，破五使之疑情。日深日淺，總就路以還家；若見若聞，俱立地而成佛。

是以補天地之玄化，廣君親之至仁，挽囘薄俗之風，啓迪高明之習，舍乎大藏，別覓眞乘，何啻饑寒，棄捐粱纊？

或以釋迦非我國之人，而不從其法，抑不思文王亦西夷之產，奚以被其風？渴不辨泉，饑無擇飯，迷方固當問路，愈病必事求醫，乃智者之所尊，不智者之所棄。從長爲善，舍短稱賢，泥塗可以致雲霄，行潦可以通滄海。故刺血爲墨者，非無知而作；剝皮代紙者，必有見而然。在昔固有英賢，當世豈無豪傑？是非曲直，義理淺深，譬夫九天之上，而日星皎如，萬鏡之中，而燈珠燦爾。然非韓愈歐陽修之排斥，曷致契嵩洪覺範之發揮？陽擠陰助，權抑實揚，天風起而雲翳消，時雨降而枯槁茂。

爰自運有通塞，法以升沉！玄奘求經於印度，必也唐文皇之朝；懷璉嗚佛於洛陽，宜乎宋仁宗之世！況我太祖高皇帝，成祖文皇帝，於通訓，則頒金湯之詔；在會典，則列墻塹之條。故曰：化頑凶而益王綱，利善良而資帝道！義林幽邃，俗世罕聞，王臣無愛無憎，黎庶宜崇宜正。捧王言之煥朗，識聖鑒之淵微，豈不以功高世憲，道格殊方者哉？

用是吾道開法本，不揆下愚，遠追德意，誓刻經律論之全藏，願報佛法僧之至恩！力微而滿願爲艱，事勝而資檀須普：或十函五函，量緣而襄刻；或一部兩部，隨意而樂成！大地慈雲，普天甘露。一字之功，贊揚之莫盡；半偈之益，思議之難窮！乃知常啼東請，善財南詢，皆重法以輕生，亦知恩而報德。直以身爲如來之牀座，豈若手持菩薩之慧燈？衆生造罪，愚昧先之；大士利生，智光始也。萬行波騰，離般若則終歸苦業；六通雲變，舍漚和則俱墮偏空。慈母周旋百至，未喻佛子之用心；良友曲照多方，庶象至人之護念。流通大藏，希覯勝因！或貴或賤，共成堅固之緣；無親無疏，咸作難遭之想。終期克濟，永用宣流！

遠公五論序

夫論以不敬王者名，果不敬乎？蓋將折衷於至理，而特申其情耳。其情既伸，則知方內方外，並行而不悖矣。豈唯不悖哉？將使方內有資方外弘通之益，而方外有啓方內無生之明。有啓無生之明，乃凡有所知者，皆沾其靈照；有資弘通之益，方外之賓，雖跡絕於物，苟欲行道，必乘王者之運，其化始廣也。是故經世能以出世爲宗，謂之豪傑而聖賢；出世能以經世爲用，謂之聖賢而豪傑。若然者，方內方外，猶波與水耳。今有人於斯，謂必撥波而飲水，其渴始解，外水而能波，其源始澄，雖三尺童子，必聚口而笑，況上智乎？

　　茲論五篇，大略階淺及深，緣微而著。在家奉法，以體極爲尊，順化爲宅，所以重君親也。方外之士，必以求宗而超化，超化則不貴厚生爲益，求宗則以息患爲功；以至形神殊致，形則有聚有散，神則無滅無生，是以爲善必召餘慶，爲惡必有餘殃。辟夫昨日敬客，今日客敬我，昨日辱人，今日人辱我；如我前生爲善，今日得樂，前生爲惡，今日罹殃；推而廣之，一生既爾，則千生萬生，以至無盡生，靡不皆然也。嗚呼！孔子作春秋，託名於褒貶，使後世亂臣賊子懼誅而不敢肆橫。夫名者賓也；借名而討罪，天下尚誡而生恐，我樓煩大師，特伸亮到之心，精剖無生之旨，使夫高識之流，卽緣生而達無生，藉無生而廣治道。小人知爲惡有報，則其遷善之心，不待刑後而始生，君子知爲善無罪，能爲之弗已，則善化而造微。微則妙，妙則不可以有心求，不可以無心入。有無既不能彷彿其樊，豈可以心思口議哉？以此觀之：東魯之於樓煩，名實可辨矣。

然此論不行世久矣，予甚慨之！如日月在天，浮雲蔽之，使天下不覩其光輝；如摩尼在祕，使饑寒者莫得濟其欲。於是授梓弘通。凡有緣者，如渴飲海，雖小腹與大腹，固不同量，悉其各得所飽也。

石門文字禪序

夫自晉宋齊梁學道者，爭以金屑翳眼。而初祖東來，應病投劑，直指人心，不立文字；後之承虛接響，不識藥忌者，遂一切峻其垣，而築文字於禪之外。由是分疆列界，剖判虛空。學禪者，不務精義；學文字者，不務了心。夫義不精，則心了而不光大；精義而不了心，則文字終不入神。故寶覺欲以無學之學，朝宗百川而無盡；歎民公南海波斯，因風到岸，標榜具存，儀刑不遠。嗚呼！可以思矣！

蓋禪如春也，文字則花也。春在於花，全花是春；花在於春，全春是花。而曰：禪與文字有二乎哉？故德山臨濟，棒喝交馳，未嘗非文字也。清涼天台，疏經造論，未嘗非禪也。而曰：禪與文字有二乎哉？

逮於晚近，更相笑而更相非，嚴於水火矣，宋寂音尊者憂之，因名其所著曰文字禪。

夫齊秦搆難，而按以周天子之命令，遂投戈臥鼓，而順於大化；則文字禪之爲也。蓋此老子向春臺擷衆芳，諦知春花之際，無地寄眼，故橫心所見，橫口所言，鬬千紅萬紫於三寸枯管之下，於此把住，水泄不通，卽於此放行，波瀾浩渺；乃至逗物而吟，逢緣而咏，並入編中。夫何所謂禪與文字者？夫是之謂文字禪，而禪與文字有二乎哉？

噫！此一枝花，自瞿曇拈後，數千餘年擲在糞掃堆頭，而寂音再一拈似，卽令流布，疎影撩人，暗香浮鼻，其誰爲破顏者？

禮石門圓明禪師文

萬曆二十六年十二月十九日，予自廬山歸宗寺挈開先壽公與吳門朗驅烏，來臨川，於二十九日黃昏，舟次筠溪石門寺西南隅者，蓋取坤土表信故也。

夫信之爲物也大，故出世法與世法，微信則皆不成就。如出世法，備殫五位，則以信爲始；世法經綸五常，則以信爲終，故信始終萬法者也。夫出世法中，自飲光微笑以來，能以語言文字揚其笑者，惟馬鳴龍樹而已。然二尊者皆產於梵，不產於華。產於華，能以語言文字大飲光之笑者，惟谷隱東林與石門而已。

石門卽圓明，圓明卽寂音，寂音諱洪，字覺範，生五十六年而卒，著書百餘部，如尊頂法論，法華髻珠論，僧寶傳，林間錄及智證傳，石門文字禪，此皆予所經目者也；其餘渴慕而未及見焉。

石門十四歲，講唯識論有聲。十九，參雲庵文禪師，畢大事。門嘗曰：『

吾見雲庵之後，不惟死生禍福，皆我道具，卽語言文字三昧，千萬言可以立就。』又拈楞伽經曰：『以自心執着心似外境轉，彼所見非有，是故說惟心。』

予卽師所拈觀之，但了心外無法，則前境頓融；法外無心，則我相自化。噫！前境融而我相化，始能自信。黃面瞿曇，借我舌根說法於二千年前；孔老借我舌根述春秋，刪詩書，作六篇，鳴道德；顏隳肢體；則我殼漏子與妄想心，已忘於春秋時矣。故飲光一笑，落萬古於聲中；顏回一坐，坐斷語言文字之路於身心之外。若然者，則飲光何長？顏回何短？故短佛而長孔老，短孔老而長佛者，皆道聽塗說，非三氏的骨兒孫也！

夫信有依通之信，有智通之信。故出世法中，自飲光乃至曹溪而下，於依通之信，智通之信，苟非鵝王，水乳豈易擇哉？是以石門於篆面鞭背，謫戍瘴海之時，搜剔五家綱宗，精深整理，成禪宗標格，防閑魔外於像季之秋，此心何心乎？卽仲尼述春秋之心也。故師曰：「知我者，其惟此書乎？罪我者，其惟此書乎？」

所謂五家者：卽臨濟、曹洞、雲門、潙仰、法眼是也。

嗚呼！予生於五百年後，師著書於五百年前；予因師之書，而始知宗門有綱宗之說。既而寒忘衣，饑忘食，窺索久之，則綱宗肯綮，照用生殺之機，亦稍盡崖略矣。綱宗崖略，不但宗門爲然；卽教家亦有綱宗：如天台、清涼，慈恩、於佛所說法；各有所判、如天台、有化儀化法四教之說。清涼有小始終頓圓五教之說。泝而上之五天，則有清光戒賢，此皆產於梵者也。若谷隱，凡佛所說經，率以三分判之，所謂序正流通也戒賢，卽唐奘師得法師也。戒賢傳彌勒之宗，其宗謂之法相宗。若天台清涼，西土馬鳴龍樹，皆謂之法性宗。法相如波，法性如水。後世學者，各專其門，互相排斥，故波之與水，不能通而爲一，此曹皆以情學法者也，非以理學法者也。殊不知凡聖精粗，情有而理無者也；凡聖精粗所不能盡者，理有而情無者也。至於甚者，斥達磨所傳之宗謂邪禪。其說曰：自飲光以至二十四祖師子尊者，爲異見王斬之，安有所謂二十五祖，與夫達磨者乎？彼不知神光學窮內外，立雪齊腰，斷左臂置於鼻祖之前，而乞安心，使達磨果非聖人，則神光之臂亦不易斷？光能以理自勝，外形骸而求法，豈獨善其身者能爲之乎？蓋其志在兼善萬世者也！及光得粲，則光爲二祖，粲爲三祖。三祖有信心銘，其言簡，其理精，此非洞了心外無法，法外無心，孰能臻於是？粲授此銘於四祖信，信授此銘於五祖忍，忍授此銘於六祖能。六祖本嶺南新州賣柴漢，初不識文字語言，一日擔柴入市，有買買柴，適誦金剛經，祖聞『應無所住而生其心』誦聲未已，祖即大悟。及買償柴直，祖問曰：『汝所讀者何書？』買曰：『金剛經。』曰：『此經何從來？』買曰：『蘄州黃梅五祖處得來。』祖咨嗟久之！且曰：『奈我有老母在，無人養耳；若得十金安母，則黃梅可往也。』買聞而異之，隨施十金與祖安母。祖至黃梅，忍大師知其根性猛利，故當衆蓋覆之。至祖得衣鉢而南遁，後大闡達磨之宗，長飲光之笑。予以是知馬鳴龍樹谷隱東林與圓明大師，皆即文字語言而傳心，曹溪則即心而傳文字語言。即文字語言而傳心，如波即水也；即心而傳文字語言如水卽波也。波卽水，所謂極數而窮靈；水卽波，所謂窮靈而極數。極數而窮靈，則法相法性之波也；窮靈而極數，則法性法相之水也。故石門以文字禪名其書，文字波也禪水也如必欲離文字而求禪，渴不飲波，必欲撥波而覓水，卽至昏昧，寧至此乎？故曰：性宗通而相宗不通，事終不圓；相宗通，而性宗不通，理終不徹。事不圓，則不能入事不成就三昧；理不徹，則不能入理不成就三昧、縱性相俱通，而不通禪宗，機終不活；不活，則理事不成就三昧，雖入而不能用也。若夫圓明大師，則又出入乎性相之樊，掉臂於禪宗之域，卽出世法而融攝世法。以世法而波瀾乎出世之法，如春著花，如花承春，穠鮮秀麗；又如月在秋水，豈煩指點而得其清明者哉？

某本殺豬屠狗之夫，唯知飲酒噉肉，恃醉使氣而已，安知所謂佛知見耶？不謂吳門楓橋雨中，承輪道人一傘之接，雨漸而爲甘露，甘露漸而續石門之血脈；石門之血脈，幸而續之，則飲光之笑聲，或將傳於龍華會上，未可知也？雖然，不肖何人？敢大言如此！苟無自信於心，初不假於外者，何不愕大川峻嶺，卽窮冬而登石門！此心之痛，惟佛與孔老，必皆俯而慈攝者也！

偈曰：心外無法，聖凡生殺；情枯智訖，天機始活。稽首石門！心法洞達，飲光之笑，長而不歇。天風怒號，萬竅皆悅；笑不在口，聲豈有滅？太虛爲頤，大地爲舌；不肖所悟，圓明之訣。法乳恩深，敢畏風雪；天寒地凍，寒極暖發。千紅萬紫，如來所說，但自忘懷，無往不潔。以潔開物，物皆解脫，以是報恩，何恩弗答？

祭法通寺徧融老師文

予受性豪放，習亦麤獷，一言不合，不覺眥裂火迸。自吳門遇覺公，棄書劍，從剃染，而舊習亦爲稍更。

然於宗教未有開悟，一日讀唐張拙偈，至『斷除妄想重增病，趣向眞如亦是邪』句，舍然大笑曰：謬矣！何不道『斷除妄想方除病，趣向眞如不是邪。』時旁僧謂予曰：『公以爲張拙偈錯耶？若張拙錯，或錯一字，何下句亦錯？』予聞之不解，遂疑悶經歲弗能已，一日忽醒曰：渠本不錯，乃我錯耳。既而自設問答，如何是斷除妄想重增病？曰：披蓑衣救火。如何是趣向眞如亦是邪？曰：罪不重科。從此於禪家機緣語句，頗究心焉。而於敎乘汗漫，猶未及也。及讀天台智者觀心頌，始於敎有入。時予有偈曰：『念有一切有，念無一切無，有無惟一念，念沒有無無』

洎萬曆元年，北遊燕京，謁暹法師於張家灣，謁禮法師於千佛寺，又訪寶講主於西方庵，末後參徧老於法通寺。徧問『汝是甚麼人？』對曰：『江南寒貧晚士。』曰：『來京城作甚麼？』對曰：『習講。』問『習講作甚麼？』曰：『貫通經旨，代佛揚化。』徧曰：『汝當淸淨說法。』對曰：『卽今不染一塵。』徧下炕，搊予衣曰：『汝道不染一塵，這好直裰向甚麼處來？』適旁有僧侍，徧曰：『直裰當施此僧。』遂施之。徧見予內尙有衣，大笑曰：『脫去一層，還有一層。』自是予往來徧老之門，觀其動履，冥啓予多矣。又有普照師者，臥法通徧室，亦契愛予。嗚呼！徧老！照師！予違慈範奄忽十九寒暑，法堂塵積，黃葉萋萋，聊具瓣香，以表素思。徧老有靈，伏維享之！予聞世諦，有父則有子嗣，微嗣則人類絕；然有宗嗣焉，有恩嗣焉。而出世法中，則有戒嗣焉，有法嗣焉。予於徧老之門，未敢言嗣！若所謂德，則此老啓迪不淺，焉敢忘之！茲敍脫白顚末宗教所自於弔辭者，蓋實有報德之思焉！

拈古（選錄十篇）

一

肇論總有四篇，本無則直示無生之體。不遷，卽示物外無眞。般若無知，則無所不知，無所不知，所以知無知也。不眞空，則無物不眞；無物不眞，物果眞有哉？涅槃無名，所以卽名本無名也。然四論分門，交相發光，照我日用逆順之衝，愛憎之口；可意則心竅發悅，不可意則毛孔生烟。故曰：「一念瞋心起，百萬障門開。」然此障，謂從境生耶？謂從心生耶？若從境生，境本無知，安能生障？若從心生，境若不觸，心非有障？推之於境，境生無理；推之於心，心生無理。心境既皆無理，凡謂從境生障，從心生障，從非心非境生障，此皆情之橫計，非達理之見也。故讀此論者，由讀而誦，由誦而持，持則精，精則入神，入神則根境若片雪之投紅爐，我欲不化，安可得哉！果能至此，方不負立言之心，授言之慈也！然後本無卽不遷，不遷卽般若無知，般若無知卽不眞空，不眞空卽涅槃無名，涅槃無名卽不眞空不眞空卽般若無知，般若無知卽物不遷，物不遷卽本無頭而尾之，尾而頭之，縱亦可，橫亦可，交錯亦可，分條亦可。可不可，不可可，無不可；夜光在盤，宛轉橫斜，衝突之際，豈可以方隅測哉？但不出盤，我則不疑也。洞徵如知此，則異日作吾道金湯，舍子而誰歟？洞徵勉之！

二

『恰恰用心時，恰恰無心用，無心恰恰用，常用恰恰無。』此四句，乃是大師悟心之後，消融習氣實效也。前兩句，謂調心之功，貴在血脈不斷；後兩句，圓續本脈，有恰恰用心無恰恰無心用，則不免粘帶故也。蓋妙性獨立，坐斷兩頭，血脈綿然，廓爾虛融。習氣任運而消，眞體無心而契。任運而消，習忘而本無功；無心而契，體證而本無得。無功則無修，無得則無寄，無修無寄，口挂東壁。且道說甚麼法？『細聽年年三月裏，鷓鴣啼處百花香。』此皆大師親曾踐履過來的光景，故其吐辭渾璞，不露圭角，模寫自受用境界，何其切哉？且道如何是血脈？瞥起，便是傷他；無念，佛即受殺傷殺之際，血脈斷矣。此個鍛子，須是見地潔淨，保任不虛，觸着自知痛癢。（讀永嘉集示衆）

三

信心銘曰：『境由能境，能由境能，欲知兩段，原是一空。』此四句只是一句，一句了徹，大事了畢。若人果能了知能外境而不有我，日用熾然分別之心，卽大智也。果能了知境外能而本無，則目前千差萬別之境，一眞獨露也。夫兩段無常雖眞不有，一眞隱顯，兩段舒卷，諦了無疑，何貴何賤？用處昭然，生殺萬變，殺則黃金失色，生則瓦礫生光。明暗相參，權屬主張。卽言而了，假名曰敎；卽了通言，假名爲宗。宗敎如花，春在何處？待汝思量，殘紅滿地。

四

魏府元禪師曰：『佛法在日用處，行住坐臥處，吃茶吃飯處，言語相問處，所作所爲處，舉心動念，又却不是也。』芙蓉毓老行食，龐居士擬接，芙蓉却縮手曰：『生心受施，淨名早訶，去此一機還甘否？』老龐曰：『當時善現豈不作家？』芙蓉曰：『非關他事。』老龐曰：『食到口邊，被他奪卻。』芙蓉乃下食。老龐曰：『不消一句。』達觀只今問諸善知識，且道芙蓉老龐雙鏡交光之際，機鋒撞出，又如夜光之珠，橫斜衝突於金盤之中，卒難捉摸，謂其東突，忽復北突，謂其中轉，忽向西行，是舉心動念耶，不舉心動念耶？若謂舉心動念，魏老又道不是佛法。若謂不舉心動念，芙蓉老龐又非土木偶人。有人直下揀別得出，達觀當身爲床座供養，伊若揀別不出，饒你芙蓉老龐復生雪屈，也須捺下雲頭，聽達觀處分始得。古人一機一境，有縱有奪，有生有殺。故曰：我與汝同條生，不與汝同條死，且道同死同生作麼生會？咄！雙鏡交光休擬議，法輪大轉食輪中。

五

『一喚囘頭識我不？依稀蘿月又成鈎；千金之子纔流落，漠漠窮途有許愁！』天童此頌：凡留心玄學者，或喜其明白現成，本無奇險；或鄙其粘皮帶骨，流墮識情。殊不知劍無利鈍，藥無貴賤；聶政專諸用之，立斷君相之命，扁鵲華陀用之，談笑中可以起死囘生。苟非其人，雖莫邪善劍，不若鋤钁之利，腐草之効也。於是感而重頌之。頌曰：『牛頭南，馬頭北，覿面相逢還不識，鄰寺金剛哭甚哀，東村大姐叫冤屈。』若道予此頌與天童本無差別，然領會天童頌子，則不難領會予頌。吾知趙州復起，妙喜再生，恐亦摸不着在，況其下者乎？若道予之頌子，與天童大別，然天童亦頌此則因緣，予亦頌此則因緣，豈一則因緣而有兩意耶？諸兄弟，這兩個頌子，若揀點不知好惡且謾道會禪也。

六

自佛敎東來方外高賓，方內勝士，簧鼓其道者，代不乏人，惟東晉潯陽廬山東林遠祖憂深而慮遠，所見卓然：以爲僧而不知其宗俗而不知其化，則宗化混淆俱無所主，乃撰在家出家。宗化之所以然，垂諸萬世，使奉法之徒，各知方向。若揭日月於中天，震雷霆於大夢，有目者孰不覩焉？有耳者孰不聞焉？然而近世在家出家者，有至死而不聞其篇目，況其義乎？嗚呼！去佛既久，魔强法弱，邪說橫行，正言蕪沒，予每思至此，不知淚之所從也！姑命奇郎先錄在家出家論傳，示有志於吾道者究心焉。

七

洞山曰：『貪瞋癡，太無知，果賴今朝捉得伊。行卽打，空卽槌，分付心王仔細推。無量劫來不解脫，問汝三人知不知？』神鼎曰：『貪瞋癡，實無知，十二時中任從伊。行卽往，坐卽隨，分付心王無可爲。無量劫來元解脫，何須更問知不知？』這兩頌，有人愛洞山日用之間，境緣逆順，鍛鍊自心，鉗鎚猛密。有人愛神鼎眞到大休歇處，咳唾掉臂，戲笑譏訶，無非解脫三昧。達觀老漢現前問汝大衆，汝道洞山鼻孔神鼎脚根在甚麼處？汝敢胡亂揣摩，殊不知神鼎不打洞山爐鞴中陶鑄來，安得便恁麼自在？洞山不打神鼎見地上得個消息，從汝朝卽打，暮卽槌，敢保貪瞋癡直待驢年也未調伏在。汝等若揀別得出，許汝會如來禪；若祖師禪猶鄉關萬里，若要會祖師禪，須把洞山神鼎置向腦後，自家面前尋一條轉身路頭始得。故曰：『只是舊時行履處，相逢舉着便淆訛。』奇男子家，本來鼻孔撩天，脚跟點地，爲甚麼如作賊人，常自心虛，偶被人按着，便愁贓物無地藏去；若是良人家男女，從他千搖萬撼，自然不生虛驚，心安如海，爲甚麼得如此穩當？蓋渠從來不竊他人物故。比來去古轉遠，大人不出，法道陵遲，大可怖畏！無論黑白，或於經論上覓得些知見，葛藤內惹得些臊氣，自謂我已見徹佛祖源底，便乃向無佛處稱尊！有一等瞎公鷄，隨聲晝夜，忽然撞個本色人，輕輕一拶，便七荒八亂，理會不下，又不能直下生大慚愧，悲泣自訟！反於本色人分上，生大我慢，結死寃讎！只今之世，如此等流，十人之中到有五雙，老漢所謂作賊人心虛。殊不知此等事，如來謂之『一大事因緣，』祖師謂之『向上事，』苟非夙具靈骨，有段英雄氣宇，豈易荷擔？近有一等杜撰禿奴，拍盲居士，以昭昭靈靈日用現成者，領會得卽謂之徹了。何不自家向冷靜處，細細檢點，一上我之貪瞋癡種子，果拔耶？未耶？果貪瞋癡卽戒定慧耶？老漢雖不與他共住，然其果肯檢點，決知他心上亦有不安處在；只是被眼前虛名浮利籠罩了，故甘味心，不肯向人露布醜處。我且問汝一千七百則葛藤，雖是古人殘羹餿飯，如果能則則無疑，還有則把未徹耶？若有則把未徹，且向洞山神鼎頌子裏尋個轉身去。爲甚麽如此？只爲自家面前不解得個轉身路頭，少不得敎汝依門傍戶去。雖然如是，殘羹餿飯，饑者亦可點心，大衆珍重！

八

予讀端師子戒壇示沙彌偈，不覺長歎久之！大都土無肥瘦，水無清濁，農人勤勞眞實做去，瘦地亦自有收；漁人耐煩守去，清水亦自得魚。因想海東曉公來中國求法，夜宿渴甚，顧傍有一泓，掬而飲之，甘涼異常。明日視之，乃髑髏坑也。正噦間，忽自悟曰：『一心不生，萬法無咎。』遂還日本；疏華嚴圓覺等經，大行於世。又鳩摩羅什五六歲時，隨母舉佛鉢，竊念曰：『我身甚小，佛鉢甚大，』不覺失聲下鉢。母問其故？對曰：『適我生心，鉢有輕重。』一法既爾，萬法皆然，夫復何疑？今之學者，未見知識法師，先自疑曰：此善知識，果能開悟我否？此法師果能教我否？此戒師果自已持戒清淨否？嗚呼！君子吹毛求善，小人吹毛求疵，而求善之心不若求疵之工，此等器量做世間好人尚做不得，況爲如來子乎？端師子偈曰：『登壇受具戒，第一莫疑師！摘取菓子喫，莫管樹橫枝。』（拈讀端師子偈）

九

永嘉證道歌有曰：『但自懷中解垢衣，誰能向外誇精進？』此兩句歌，賺殺天下人不少，非永嘉之咎也，人自咎耳！故看教與參禪，雖皆是勝事，脫打頭不逢作家，教眼却被義理塞殺，禪心却被野狐涎塗抹了！殊不知凡尚義理，古人謂之所知愚；凡染野狐涎，古人謂之識解依通。蓋尚義理，情終不枯，情不枯，一不涉文字義理問答處便茫然不知雌黃。如陳摻問雲門曰：『教意則不問，如何是教外別傳意？』門曰：『教外別傳則且置，如何是教意？』摻曰：『黃卷赤軸。』門曰：『此是能詮之文，如何是教意？』摻曰：『口欲談而辭喪，心將緣而慮忘。』門曰：『口欲談而辭喪，爲對有言心將緣而慮忘，爲對妄想。如何是教意？』摻茫然不知答。門曰：『聞尚書善解法華經，是否？』摻曰：『不敢。』門曰：『經云治生產業，皆順正法，且道今非非想天，幾人退位？』摻愈茫然。門訶斥而去。以是摻重發心參禪。請以雲門作用觀之：則永嘉『但自懷中解垢衣，誰能向外誇精進，』豈陳尚書獨不解此兩句耶？如果解了，如何見雲門如木偶人相似？蓋此公義理窠臼不先踢翻，却被跛足阿師踢翻了，直得無坐地處。此所謂『貪觀江上月，失却手中橈。』即識解依通，雖稍活潑，初非義理窠臼，可以埋沒得渠。然謂之識解，此是依通之信，非道通之信也。依通之信說時似悟，觸境必迷。譬如汞銀，觸火不得，一觸火便飛去矣。道通之信則不然。如迦那提婆以舌辯困外道，外道弟子恨婆困其師，一日婆經行林間，外弟子以利刃決提婆腹曰：『汝以舌困吾師，我以刀困汝，汝復能神乎？』提婆春然受之，而且種種安慰敎誨之。提婆腸胃委地，弟子驚號而至；提婆誨曰：『彼自壞善根耳，與我何預？但悲其忿毒所燒，終必墮苦，我心果不瞋其所害，則其墮苦之苦，終當代受之，更以甘露洗其腸胃，我心方安。』噫！婆之照用，豈尙義理之講師，野狐涎之宗師，所能較其雌雄者哉？又有所謂講道學者、更不若講師與野狐禪矣。故曰：『一盲引衆盲，引得衆盲入火坑!』予故曰:永嘉此兩句歌,賺殺天下人不少。雖然,若是作家,此兩句歌,亦是殺人劍,活人劍耳。

十

夫華嚴之小根,法華之退席,一者以爲華嚴攝機未盡,則謂之未暢本懷;一者以爲法華之退席,卽華嚴之小根也。惡得獨以華嚴爲不圓,而法華獨圓乎哉?於是兩家之徒,宗清涼者,遂以法華爲未圓,宗天台者,又以華嚴爲未圓。吾則紿之曰:果以華嚴爲攝機未盡,爾時佛說大經,除諸大菩薩之外,猶有八部等衆,以宿世曾植圓因,故亦得聞毘盧之音;敢問復除異類聞經之外,更有餘衆生不聞華嚴乎?如有之,何獨小根不聞經,遂謂之攝機不盡耶？又以法華之退席爲不圓者，敢問除退席之下，尚有餘衆生不聞法華耶？如有之，則華嚴之小根，未必非圓也。聞者無以應。吾復諭之曰：若知之乎？華嚴無小根，則圓能縛矣；法華無退席，則妙能滯矣。惟圓而帶小，妙而帶愚，始見華嚴之圓非圓也，法華之妙非妙也。故曰：證圓覺而住持圓覺者，凡夫也；欲證圓覺而未及圓覺者，如來也。知此，則知天台清涼矣！聞者罔措而退。

復王字望叔姪書

書經之事，本老漢私恩，豈可累弟子？古有僧或荷母而行，旁人憐其勞頓，欲代荷之，其僧拜而辭曰：吾母寧敢勞君？由是言之，弟子圖治經壇，設遲速亦奚罪？且接歲薦饑，人力疲極，雖素稱阿堵翁者，爲之艱難，而況王生家向清寒，首出延陵者哉？

日附仲淳此簡，情眞而言朴，亦老漢見汝叔姪，於北園請書經之心，情眞色悚，誠可裂石。

所以久淹留都，未他游者，恐負叔姪初心也。或者解傳溢言聽復不察，比來此流觸處洋洋，汨人耳目，使聞見倒置，爭鬪橫起。情少弗合，視如胡越；情少苟合，胡越同心。是皆我刺堅固，佛手難拔矣！可笑老漢不識時務，將一片熱心，出乎委曲，强欲拔之；刺不能拔，反受刺刺，此非人過，過在老漢修行無力，天猶不佑也。

自今而後，惟圖自治，弗敢照人，若起照人之念，卽我失照。失照不照，謂之卽味；味而不反，更復尤人，罪莫大焉！

賢叔姪幷痛感吾言，日用之中精進學喫欺，覺得喫欺有歡喜處，便是學佛靈効。若書經日期，俟晤再定。

復敬郎書

夫樹高必招風，名高必招忌，非但人間世如此，卽出世法中亦所不免者！故明敎嵩，大慧杲，皆見道明白，問學淵博，行不負解，出言成章，心光耿潔，近則可以照一時，遠則可以光萬古；然明敎大慧，俱不免貶辱，况其他乎！

本朝隆慶間，如徧融法界二師，操履光耿，亦不下古人，而皆遭細人之讒，至於抵獄。既而讒口卷舌，心事頓明，初雖受誣於一時，終大取信於天下；無擇智愚，聞二師之風者，莫不引領願見，如肉佛然！

比勞盛亦遭誣陷，吾曹有不知大體者，亦隨脚跟乘風鼓謗，流言充斥，扇惑清聽。殊不知松柏不歷風霜，黃金不經鑪治，道人不涉逆境，孰辨僞眞？

嗟哉髡奴！徒捐髮鬚，不諳大體，滅華倡胡。浮雲散盡，明月還孤；光徹寰宇，汝面泥塗。辱書答此可諦躊躕，情申理白，邪正皎如。古人有語：『誣人自誣。』事未定而先見，情難辨而理區，千載晨昏，何疑之有？

答于中甫書

一

十二月初四，興勤持手書至資福，購燈讀之，淒然痛人！都下風習險詖，誠如所言。於世間法，則公道誰亮於出世間法，則得少爲足，且頭緒不甚清楚。道人見此光景，亦不喜淹留。第以既爲佛子，當報佛恩。如報佛之志，方自見定，而於禍福死生，又生心計較，則定志何在？所以風波迭經，總視覺後之夢；行住任緣，初不預料也。但念汝連年境風浩然，於不堪忍處，强力支持，一切拂逆讒謗，翻成受益之地；餘喘幸存，此又令道人淒然中生歡喜耳！法朗尊公臨逝光景，斷非此生習氣，乃前生夙習也。果如是，則道人與汝等亦有助不淺。卓頭陀胸次灑然，未必無根，根在見地不虛；不審法朗見卓受益何如?渠舍宅爲寺,言不可輕發;蓋風不可輕起,以風無形,而能鼓物故也。言如風,可聽而不可見,所以與風同勢,聞之必遠,遠則難挽,如不言而事成,活機在我,言則死已。

二

天厚其人,衆患煆之;天薄其人,衆幸誘之。汝連年親涉衆患,天實厚汝而煆之;儻不能歡喜領受,便是薄福種子也!直以忍辱爲海,割舍爲刀,斬我相根株,汪洋包納,則將來受用未易量矣。

三

德卿不意至此，殊令人哽噎！幸汝周旋其兒子輩，此又老人合爪痛感麟郎者也！骨藏何所？知忍能念之否？幸致老人意！光公急究相宗，勿癡度時陰！比見學佛緇白，骨節不甚硬，稍觸逆境，卽如野狐變人作怪，一聞犬聲，故體頓復，犬始知其是狐，敢恣口咬之；儻人形尚存，犬決不咬。惟卓吾非狐變之人也，故不煩犬咬，遂爾自刎。然卓吾非不知道，但不能用道耳。知卽照，用卽行，老朽更不如卓吾在！

四

凡讀汝來書，則句意自然，可悲可喜！以下字不癡，故能令人遙中。若汝觸不可意事，如裁書下字法，則不可意事之機，卽天機之資也。儻知而未能卻順逆之境風，得無增吾憂乎？奇男子，須割愛，愛不割，則墮軟暖魔網矣！

與方幼輿書

邇來祖風凋弊，法道荒涼，無分黑白，凡在此門，孰不以爲生死爲言？及問死生所以，十箇到有五雙罔措。此皆最初發心不眞實，見地不透徹．所以一逢逼拶，自然手脚忙亂！

且道眞實心如何發？善財初見文殊，卽獲根本智；然後徧叅知識，雖則門頭次第不同，要且換他鼻孔不得。何以故？有本者，如是耳。

今時人雖說發心學佛，大都如瞎公鷄相似，他也不知天明不明，但聽得他鷄鳴，亦隨胡叫一上撞着個孟嘗門下會假鷄鳴的賊，冷地叫一聲，亦卽隨他鳴去。學佛的人見地不透徹，見人嘴皮動，他心上閒知閒解，卽搬出許多來，殊不知總是意根上的影子！此點影子，熟睡的人熟睡去了，或被跌的人跌悶去了，或臨卒然利害關頭，意識照管不到處，都總用不着！這三箇境界，較之臨命終時，孰險孰夷？想其輕重好惡，幼輿必定辨得出。旣辨得出，必知活時！此點影子尙支吾不來，臨命終時，豈有交涉？

又有一等人，以反聞聞自性做工夫，是必不聞聲塵，將聞聲塵的機，來反照自性，積習日久，或見個空淸境界，便謂眞得。我且問他：聲塵畢竟是性內的？性外的？若在性內，則聲塵亦性，何必去聲塵而反聞，則謂之聞自性？若在性外，性非有外，謂性外有聲塵，決無是處？

又有一等於耳根門頭，靈靈應物的，謂之眞性；殊不知此是由塵發知，應境影子，前境遷謝，此亦隨沒。以此當本來面目，此所謂喚奴作郞，皆非佛旨！

若要眞實會得耳根圓通的消息，我拈個榜樣你看：古德問僧『隔壁聞欽釧聲卽爲破戒，且道作麼生持？』其僧云：『好個入路。』幼輿會得這僧入路處麼？若會得方見善財見文殊的境界，方可叅天下善知識。若會不得，也須猛着精彩，向這僧入路處討個分曉！

無常迅速，時不待人，珍重！

寄沈德輿書

達觀自匡廬下江南，二三年往來吳越間，初心竊謂宗門寥落，法道陵遲，假我門庭，熾然以魔習爲傳，以訛繼訛，眞僞不辨，天下遂謂宗門光景，不過如此，而不求眞悟。

至於少林奉朝廷欽依，以傳宗爲名，而崇尚曹洞，臨濟，潙仰，法眼，雲門五家綱宗，亦不辨端倪，不知設此胡爲？則宗風掃地可知矣！巖頭奯云：『但識取綱宗，本無實法。』若然者，則綱宗乃宗門之命脈，而有志於斯道者，豈可忽諸？達觀以此，未嘗不痛心疾首，撫膺流涕！然知我此懷者，幾人哉？

所以下匡廬，持僧寶傳，林間錄，智證傳，三書雖亡者糟粕，而五家典刑，綱宗係焉。以故急爲梓行，意在廣傳；令天下豈無豪傑挺生，遇此書頓斷命根，洞豁綱宗，荷擔法道，不顧危亡，必有以宗風中興爲志者出焉？則我寂音尊者千古之下，若旦暮遇之也。

達觀於居士中時時舉揚而薦此者希，惟汝雖不能始終徹然，然亦知好惡，承順觸犯。奈汝勝習微弱，善根雖有實不能如好堅木出地頃刻千尺，垂陰如蓋，作衆生疲熱避涼處；此皆是往因願力輕鮮，感報不宏故也。

自今切不可埋沒此生，直於逆順關頭，利害之際，如風過樹，如雲行空，卽常光時時現前；如投夜明珠於金盤之中，宛轉橫斜，莫測方向，特不出盤耳。從上祖師以綱宗爲盤，以見地受用爲珠；有珠無盤，則非人天眼目，有盤無珠，則自沉情海。虛張綱宗，擬欲度人，則龍天不祐，佛祖所厭。福日消而罪日長，慧雲散而情風熾，一旦業報盡來，請隨無常殺鬼受指揮去？那時始悔心地未徹，妄拈綱宗之所致也！悔之何及？此等忌諱，諒汝必知，今書此遺汝，雖達觀隔遠展之，示有志於宗乘者，則達觀未嘗不在也。

比日舟過吳江，汝曾索開示，當謹受持，不可錯舉！若要相應我語，不許夜行，投明須到！於此不能透徹，吾此葛藤，何異說夢？

與湯義仍書

一

浮生幾何，而新故代謝，年齒兼往，那堪躊躇？靜觀前念後念，一起一滅，如環無端，善用其心，則麤者漸妙，不善用其心則妙者漸麤；妙者漸麤，麤將不妙，於不妙處，了不覺知，是身存而心死矣。所以古德云：『乍時不到，便同死人。』夫身存而心死，則不當存者，我反存之，不當死者，我反死之。老氏曰：『我有大患，爲我有身；』又曰：『介然有知，惟施是畏。』卽此觀之：大患當除，而我不能除。眞心本妙，情生卽癡，癡則近死，近死而不覺，心幾頑矣？況復昭廓其癡，馳而不返，則種種不妙，不召而至焉。至人知其如此，惟施是畏，顏子隳肢體，得非除大患乎？黜聰明，得非空癡心乎？大患除而癡心空，則我固有法身，本妙眞心，亦不待召而至矣。曹溪聞『應無所住而生其心，』則根塵迴脫，妙心昭然。故溈山曰：『靈光獨露，迴脫根塵，體露眞常，不拘文字。』至此則麤者復妙矣，遠者習近矣。人爲萬物之靈，於此不急而他急，此所謂不知類者也。

寸虛受性高明，嗜欲淺而天機深，眞求道利器，第向來於此路頭生疎不熟；或言及此，未見渴仰。此點消息乃羽毛鱗甲之媒，三塗四生之引，故曰：『一微涉動境，成此頽山勢，』此半偈三假全備。三假者：因成假，相續假，相待假是也。如上根利器，纔入因成，覺不隨流，謂之不遠復。如天機稍淺，流入相續，慚媿知返，謂之流復。於相續中，尙不驚覺，勢必流入於相待矣。既流入於相待，則以習遠爲重，反以習近爲輕。夫近者性也，遠者情也，昧性而恣情，謂之輕道。如唐德宗不能自反，迷而不悟，終致大盜以亂天下。此遠公所謂『成此頽山勢』者也。

又因成是何義？蓋妄心不能獨立，必因附前境而生。故智鑑曰：『能由境能。』此能乃妄心之始，我相之根，我相乃不善之前茅。仲尼曰：『顏氏之子，有不善未嘗不知，知之未嘗復行。』果如此，謂之不遠復，無祗悔，不亦宜乎？

毘舍浮佛，此言自在覺，其傳法偈曰：『假借四大以爲身，心本無生因境有；前境若無心亦無，罪福如幻起亦滅。』昔有貴人以上妙素帛求黃魯直書平時得意之詩。魯直曰：『庭堅亦凡夫耳，詩縱得意亦不妙。』遂書此偈遺之；且囑之曰：『七佛偈乃禪宗之源，今天下黑白譁然望流迷源。庭堅旁觀不禁，書之贈公。願公由讀而誦，由誦而持，由持而入，由入而化，則自在覺在公日用而不在此偈也！』山谷楚人，寸虛亦楚人，茲以楚人引楚人則似易，倘吳人引楚人，則楚人以謂吳人似不知楚人也。

若相續假以因成，錯過本來面目，便將錯就錯，不惟不知因成之前，心本獨立，初非附麗；卽其照無中邊之光，初不夢見彼照，而應物偶然忘照，流入因成，以不知是因成，復流入相續，相續流入相待。相待是何義？謂物我對待亢然角立也。

嗚呼！相待不覺，則三毒五陰亦不明而迷矣。故知『能由境能，』則能非我；能非我有，豈境我得有哉？此理皎如日星，理明則情消，情消則性復，性復則奇男子能事畢矣！雖死何憾焉？仲尼曰：『朝聞道，夕死可矣，』爲是故也。

如生死代謝，寒暑迭遷，有物流動，人之常情；衆人迷常而不知返，道終不聞矣。故曰：『反常合道，』夫道乃聖人之常，情乃衆人之常，聖人就衆人而言，故曰『反常合道』耳。據實言之：衆人之常，豈果眞常耶？

野人追維往遊西山雲峯寺，得寸虛於壁上，此初遇也。至石頭晤於南皐齋中，此二遇也。潯寸虛冒風雨而枉顧棲霞，此三遇也。及寸虛上疏後，客瘴海，野人每有徐聞（時寸虛方謫徐聞尉）之心，然有心而未遂。至買舟絕錢塘，道龍游，訪寸虛於遂昌。遂昌唐山寺，冠世絕境，泉潔峯頭，月印波心，紅魚誤認爲餌。虛白吐吞，吐吞既久，化而爲丹，衆魚得以龍焉，故曰龍乃魚中之仙。唐山禪月舊宅，微寸虛方便接引，則達道人此生幾不知有唐山矣。然此遇，四遇也。今臨川之遇，大出意外，何殊雲水相逢，兩皆無心，清曠自足，此五遇也。

野人久慕疎山石門，並龍象禪窟，冒雨犯風，直抵石門。黎明入寺；然寺有名無實，故址雖存，草萊荊棘，狐蛇淵藪，四顧不堪，故不遑拋瓣香熏圓明而行。圓明，山谷最敬之，每歎東坡不遑一面。然圓明敬東坡，不在山谷之下。今石門猥狽至於此，使東坡山谷有靈，亦其所不堪者也！

太都眞人大士之遺跡，乃衆生開佛知見之旗鼓也。蓋旗能一目，鼓能一耳，耳目既一，目卽耳可也，耳卽目可也。目可以爲耳，則旗非目境；耳可以爲目，則鼓非耳境。旗鼓固非耳目之境，而耳目之用不廢，此謂六根互用也。然以一精明爲君，六和合爲臣，臣奉君命，無往不一；無往不一，謂之獨往獨來；獨往獨來，此卽妙萬物而無累者也。此意悼西兒名序中，亦稍泄之。

嗚呼！野人與寸虛必大有宿因，故野人不能以最上等人望寸虛，謂之瞞心。潙山曰：『但不瞞心，心自靈聖。』且寸虛賦性精奇，必自宿植，若非宿植，則世緣必濃，世緣一濃，靈根必昧。年來世緣，逆多順少，此造物不忍精奇之物，沉霾欲海，暗相接引，必欲接引寸虛了此大事。野人二遇於石頭時，曾與寸虛約曰：『十年後，定當打破寸虛館也。』楞嚴曰：『空生大覺中，如海一漚發。』卽此觀之：有形最大者天地，無形最大者虛空。天地生於空中，如片雲點太清；虛空生於大覺中，如一漚生大海。往以寸虛號足下者，蓋衆人以六尺爲身，方寸爲心，方寸爲心，則心之狹小可知矣。然衆人不能虛，重以日夜而實之爲貴；寸虛稍能虛之，且畏實而常不自安。近野人望寸虛以四大觀身，則六尺可遺；以前塵緣影觀心，則寸虛可遺；六尺與寸虛既皆遺之，則太虛卽寸虛之身與心也。至此以明爲相，以勇爲將，破其釜而焚其舟，示將相於必死，拚命與五陰魔血戰一場，忽然報捷，此野人深有望於寸虛者也！願寸虛不以野人道淺學少，略其元黃，而取其神駿；神駿者，卽野人望寸虛之癡心也。又野人今將升寸虛爲廣虛，升廣虛爲覺虛，願廣虛不當自降！

吳臨川，野人往字以始光，蓋取佛放眉間白毫相光，照東方萬八千土。東爲動方，能以眉光照之，則不必釋動以求靜，動本靜耳。蓋方有十，舉東一方，則餘九方，不待舉而可知矣。方有十而知則一，知卽『能由境能』之能。方卽境也，境有動靜，能無動靜，能若是動，則不知動，能若是靜，則不知靜，惟能非動非靜，所以能知動靜耳。肇公曰：『知有有壞，知無無敗；』野人則曰：知動動壞，知靜靜敗，動靜壞敗，有無都遺，則始光大而爲圓光矣。此圓光在堯不加多，在紂不加少。然光有邪正，善用則謂之妙光，不善用則謂之黏妄發光。如吳臨川已知野人動靜，廣虛當以此書附達之。如是則不惟野人不負五遇之緣，亦廣虛不負五遇之緣也！

二

屢承公不見則已，見則必勸僕須披髮入山始妙。僕雖感公敎愛，然謂公知僕則似未盡也。大抵僕輩，披髮入山易，與世浮沉難。公以易者愛僕，不以難者愛僕，此公以姑息愛我，不以大德愛我！昔二祖與世浮沉，或有嘲之者；祖曰『我自調心，非關汝事！』此等境界，卒難與世法中人道者，惟公體之，幸甚！

又年來有等闡提，忌僕眼明多知，凡所作爲，彼謂終瞞僕不得。殊不知僕眼亦不甚明，智亦不甚深；此輩窺僕不破，徒橫生疑忌耳！如其一窺破之，縱使有人教其疑忌僕，彼亦自然不生疑忌矣。但彼以未窺破，浪作此伎倆也。

且僕一視髮後，斷髮如斷頭，豈有斷頭之人，怕人疑忌耶？

與李君實書

達道人自楞嚴東靜室，始識賢父子，信知賢父子與道人有菩提緣者，於是卽囑君實譔護法疏，焚於韋馱之前，而君實直下無疑。又承賢父子追道人於王江涇，値驟雨淋漓，而賢父子曾無懈心，此非有卓倫之見者，斷不能也。

茲幸奉命出典潯陽，潯陽乃古禪潯，比來緇曹無論主者客者，多飽食橫眠，遊談無根之徒，似不少也。

嗟乎！因時布政之弊生，則仁信之治救焉；仁信之治弊生，則智勇之治救焉；智勇之治弊生，則莫得而救者，若千年矣！至漢明兆夢，摩竺西來，則以一出世之法，救莫救之弊，此理勢然也。蓋世法變極，不以出世法救之，則變終莫止；出世法變極，脫不以世法救之，則其變亦終不止，故迦文老子將涅槃時，付囑國王大臣，金湯正法，卽此意也。然孔釋之徒，世不多憂深慮遠之人，所以二氏不得相資而救弊，則必相毀而弊愈生焉。

道人初自吳門來南康，止開先，而未入潯陽者，此意非淺淺。以爲君實素頎卓倫，焚疏之舉，斷非常人所能爲？竊謂臺老之後，有趙公定宇；繼二公者必君實矣君實自今而後，於相傳謚言之際，或於書柬之間，大須要審察諦觀！此書柬言雖粗率，然察其心爲我眞而無他腸者；此書柬言雖甘，然察其心，未必眞爲我而口爲者，於此兩者，若瞞不過，此便是佛心也。

又人情雖變態百出，能以理折情，精而衡之，則眞僞似不可逃焉。又眞心爲人，必先以德業；僞心爲人，必先以姑息。德業順性，姑息順情。順性則照用齊到，所以染習消而不自知；順情則照用俱昧，所以染習不培而日深矣。

噫嘻！三界之內，非情重衆生，決不生之。故色界無色界雖勝於鬼獄四空四禪雖勝於無色，四王忉利雖勝於四禪；據實觀之：而勝者必情重於劣者。以勝者恆處順境，故劣者恆處逆境，故逆境則苦極，苦極則思本，思本則近覺。近覺則苦樂之根了而不昧，於了而不昧之時，忽推苦樂之前。苦樂之根，畢竟根於何處？推久誠積，誠積心開，則知向來極苦極樂，斷非此外有耳。自是便解將苦樂之前者，於境緣逆順之衝，橫拈豎弄，弄得熟了，則入地獄也是好事；生天堂，亦不作希奇想也。

然後痛念我同體之流，苦海日深，火宅烟濃，燒然三界，流蕩七趣。强發四弘誓願，願克方休，四弘誓願不難發，惟强之一字，最難荷擔耳。若能直下荷擔得這箇强字牢靠，則世出世間法，縱不憂深遠慮，亦無往而不克矣。道人於這强字，着實勉力荷擔，每滑肩不少矣。此蓋衆生習熟，佛祖習生；衆生習熟，則我根難拔，我根難拔，則此肩便不是金剛肩矣。所以被利害得失轉却了，苟能衆生習生，佛祖習熟，不但肩是金剛肩，卽戲罵譏訶，皆金剛雷也。此雷出地，何蟄夢之不破，何擔之不可肩耶？此等言句，說易行難，故溈山訶仰山曰：『寂子！汝莫口解脫！』

又佛法不以禪定爲要，惟以智進爲本，故曰：智進全名，餘度皆字；見徹不疑，是智用不疑者，而能治惡習是進。又近日世態，於至親骨肉中，偷觸了他毫不顧惜，直欲陷死我便快，此言不信佛法者。卽信佛法人，偶有無心之失，觸了他情所護處，他且把佛法拋在一邊，百種生計害人，我有日在，我佛所謂『末法鬭爭堅固』是也。夫鬭爭已是不好了，更加堅固之力，持鬭爭之心，則此鬭爭不入阿鼻不已，此亦理勢然也。道人願君實將智進兩者，强於此等境界，大昭廓王江涇遭雨時心，韋馱前焚疏時心，更以護法爲己任，則報君報親，靡不盡矣！君實勉之！餘不盡。

與黃愼軒書

近得王宇泰書，知愼軒已出長安，想還家有日？茲有臺泉上人保持華梵諸祖道影，安置峨嵋普賢光中，永遠供養。道影乃新安丁南羽雲鵬手寫，而精神慈注，風致靜深，實希有勝事也！欲作一記，此必出公手，方愜道人意！

徐彥文遂作九原之客，令人心痛！碧雲無恙，燕山如昔，死者不知何往？生者不知何事？每念至此，悲喜交集！不知愼軒會道人意否？

中甫尊公，忠厚邁俗，斷息時，初無昏亂，其平生雖不能作淸淨行，想得忠厚之力，有此效驗。夫忠厚則不欺，不欺則自無謊心；偷心少，則日用瞞心處，不必提撕自少矣。故曰：『但不瞞心，心自靈聖』忠厚之力尚如此，況開佛知見，以知見治習者乎？

愼軒前書來，以爲佛知解作障，於日用中不得力，果如此，則臨濟曰：『但得知見正，當便可橫行天下；』若臨濟是，則愼軒非矣，若愼軒是，則臨濟却成不是。又有一喩，愼軒當熟思之：有一武人與賊戰不勝，退而私忿曰：『我武藝太多，所以不能勝賊，如我無武藝，則不受武藝障礙，可勝賊矣。』道人知公讀至此，必捧腹絕倒也？

宋大慧禪師每謂士大夫曰：『聰明固是好事，亦是不好事，』聰明非佛知見，則八難中一大難也。良以聰明屬非量，非量者於理不相應之謂也。佛知見，上則屬現量，次則屬比量；現量者，不思而得不勉而中之謂也。比量者，雖出思惟比度，而知於佛祖聖斷量中，相契不妄，以之治習，終入現量。古人謂之流注眞如，此非宗教精深者不能辨之。道人往往見士大夫語及流注眞如，便掉頭不顧，殊不知流注眞如，即臨濟洞山俱不敢忽。故曰：『以有言露箇無言的。』又曰：『動容揚古路，不墮悄然機。』又曰：『但了綱宗，本無實法。』近見董思白拶及此事，渠於不知不覺中，佛法習氣漸覺生疎，橫口褒貶古德機緣，判寂音決非悟道之僧。道人從容謂渠曰：『汝信大慧杲禪師悟道否？』渠曰：『是一定大悟徹的。』又問曰：『寂音乃大慧平生所最仰者，脫寂音果見地不眞，大慧難道作人情，仰畏他耶？』思白俛首無語。又有一種人，見地萬不如蘇長公，握一根毛錐子，東剌西擉，謂東坡這裏又說道理，便擉一擉這裏卻不涉理路，便圈幾圈；殊不知東坡於普賢毛孔中，鼻笑如雷曰『我亻恁麼，汝卻恁麼，我恁麼，汝卻不恁麼？』長公是愼軒鄉老，愼軒肯爲此老一等否？卽流注眞如，也不甚惡。

所刻大智度論，必大放般若光在。

道人念公忠厚，無大儉心，所以因囑護持諸祖道影；忉怛至此，倘公不以道人癡野見笑，爲法自重，幸甚！

答樂子晉書

辱手書，讀之何志大而憂深哉？使吾神愴不已！

法道凋衰。吾曹妄庸，誠如所言。顧惟魯鈍，道不勝習，才識亦復不甚遠；濫混緇林，無補其敎。

人患不自知，能自知，則餘想自歇矣。魯鈍雖不敏，年來亦頗自知，短有餘而長不足，世好諛而我好直，誰能容我？人不容我而我不自知，持方投圓，寧不倒置哉？且粗豪如舊，憨放不移，知我者以爲渠胸中無他，不足較；不知我者以爲狂傲無稽，恨不卽阽之死亡爲快。以故魯鈍只宜佯狂詐風，不拘山林城市，飽食橫眠，苟延此生耳。但有負高誼，慚愧何如？

尊慈齒長，而子晉爲客有年，甘旨不能遂，而相知中，亦不能及時周旋，多口抱餓於故山之墟，而一身羈紲數千里之外，凡相知者豈有聞之而不急見之而不痛哉？由是觀之：則向所稱相知於子晉者，果相知乎？故曰：相知不易，易不相知耳。雖然，有深知子晉者，而力又不給；而力給者，未必相知。信乎子晉命之窮也！

密藏間於禪誦之隙，爲老漢畢似之靑山白雲亦爲之變色，況有情者乎？

又子晉慨世法出世法交喪不堪，憤欲剃染。然剃染一事，如見不徹，持不固，亦非易者，痛思之！孫武有言曰：『少算不如多算，』況無算乎？想子晉言必不苟發，預非多算，安能便爾耶？昔崔趙公問徑山欽禪師：『弟子出得家否？』欽正色曰：『出家乃大丈夫事，非將相所能爲！』予初讀此，以爲老欽恃高尚而忽榮名。及親驗之，乃知此老以眞實心吐眞實語，果不我欺。夫情根積固，豈崑崙須彌之可並？識浪奔騰，豈滄海岷江之可齊？將相雖非人傑不可爲，然夾情做事，而少有才識者，人可爲之。惟出家一路，乘短生而欲拔長劫之情根，倚螳螂之臂，而欲戽竭滄岷之水，靜而思之，始知可否矣？顧子晉直以我言爲贅疣，大笑而割之，我亦無憾！淸涼大雅，非他名山可並，倘能稍撥塵事一登，何快如之？且有法門一兩事，急欲面商之！潭柘機緣，具堅默書中不備。

與吳臨川始光居士書

一

性宗不精，則不免墮事障裷襀；相宗不精，則不免墮理障裷襀；禪宗不了，則不免墮葉公畫龍裷襀。近世黑白並乏憂深慮遠之心，所以性不性，相不相，禪不禪。且性相禪三宗，各有綱宗；如天台八教，賢首五教，皆毫不可紊者也。豈禪宗獨無綱宗乎？禪宗若無綱宗，則岩頭奯但了綱宗，本無實法之語，得非孟浪耶？奯公宗門龍象，寧肯草草？特後人心識粗浮，根器薄劣，了不知古德之典刑，作家之大全耳。如知之，脫不面熱，余知其心死而不復活者也。

到家果能打屏人事，專力淨業，乃第一義；第恐淨業理未徹，必受多生染種，現行困折，行終難副言也。大抵有志淨業，切勿厭煩，厭煩則性相見地終不高明，然此不高明見地專力淨業，而能困折染種現行，貲發淨種功能，無有是處？往蘇秦欲恃口辯得官，及裘敝金盡，抱餓還家，方悟始以厭煩出，終以厭煩歸，蓋厭煩則不能憂深慮遠；不能憂深慮遠，則讀書必不能得立言人之意；立言人之意既不得，雖詩書滿腹，口若懸河，終糟粕耳！糟粕可以得官，官果能治世哉？不過循時具位而已！故秦憤餓，復還探家所藏之書，至於懸梁刺股，輟睡忘食，稍得書意再出，方遂其欲。彼功名尚如此，況求出世法乎？以此言之：則見地不高明，淨業亦未易修也。思之！又淨業一途，近時僧俗逋逃藪也！三猊當大痛省！老朽惻怛如此，非無見耳。

三

臨汝別來，奄忽近歲，舟中光景，獨影昭然。信乎一微，包裹十世，若必然者，達與臨川，未始暌違也。雖然兩順一逆之關，未能掉臂，則性變爲情，情復成性，所以然之說；斷不可不痛究之！且黑白親近知識，賴有此段瓜葛耳。否則方外之賓，絕物則高，染物乃卑，此亦自然之勢也

四

『此方眞敎體；淸淨在音聞，』音聞卽文字三昧也。此三昧，又名文字般若，又名緣因佛性。如刻藏之舉，正所謂緣因佛性耳。蓋衆生所習無常，以緣因衆生性熏之，則衆生知見發現；以緣因佛性熏之，則佛知見發現。能熏如風，所熏如谷。此娑婆世界，非以文字三昧鼓舞佛法，法安可行？

五

臨行匆遽中，而事無不周，用情可知，此非夙植靈根兼有深心視名聞爲唾涕者，不能也！第勞累始光於小善細緣，亦心所不忍耳。意在小善不忽，爲大於其細也。法華云：『以衆生有種種欲，佛以種種因緣譬喻利導之，』亦此意耳。由是言之：但患衆生無種種欲心，如有欲心，則冰外無水之義立矣，此義一立，又患冰少水不多也。幸深思之！近來黑白，或有不知此義者。善雖不擇，勤而行之，乃人天果報及魔外因緣耳。小乘則視衆善爲勞累，棄之若火灰，恐其燒手故也。是以善無大小，直以唯心觀之，則德行未嘗不神矣；果如此，則勞累亦何獨不神哉？

雜記

一日，于比部言一屠牛者，牛將屠，忽跪而求生，淚墮不止；屠不勝怒；遂刺其兩目。牛死未移時，屠剔牛肯綮，刀忽躍刺其目．斃焉！嗚呼！萬物一物也，萬神一神也。故以大道觀之，天地我伯仲也；以天地觀之，萬物我伯仲也，我戕伯仲，則伯仲戕我，何尤哉？

卍　卍

蘇長公跋張無盡清淨經曰：『作止任滅，佛言四病。』無盡言：『作止任滅，是四法門。』長公則曰：『無盡若見法門，應無是語。』紫柏老人試拈問麟郎；麟曰：兩頭不着。老人曰：『尚未信，汝再道看；』麟則崖柴笑而已。老人謂麟：汝見車輪否？能引重致遠，千里往復，輪若掩地，則一轉不能也。汝知此，謂四病四法門，果是兩頭語；然汝還欠一籌者，殊不知卽兩頭耳。

卍　卍

夫龍之爲物也，隱顯莫測，變化無常，以故世多奇之；殊不知有豢龍氏者，駕之若牛馬，驅之若犬羊，夫復何奇？豈非有欲則易制，無欲卒難馴耶？豎而趍者，靈出萬物謂之人，設有欲亦弗靈矣。昔有鸜鵒效僧念佛，久之，一旦無疾而化；旣檢其餘燼，得舍利若干粒，燦然奪目。聞而未知奇者，將非黑業酒醉，父母撼而未醒乎？當湖有僧誦法華經，有年數矣。一蝦蟇聞經聲，忽作拳踞狀者移時，衆見恠而厭之；少頃若禪坐，撼之已息斷矣。

達觀道人聞而奇之，以爲法華會上，八歲龍女能獻珠得佛，獨擅其美，而斯蟲復能數千載之下，追其芳躅，是不奇又孰爲奇？夫茫茫宇宙人豈少哉？人弗能而蟲能之，則有愧於牛馬多矣！雖然，誦經不誠音難悟物，觀蝦蟇而後信誦者之誠也。我聞唐修雅法師曰：『佛之意兮祖之隨吾之心兮經之旨；合目冥心仔細聽，醍醐滴入焦腸裏。』若然者，則是蟲豈非醉醍醐而熟睡者耶？

卍　卍

達觀道人乙酉歲之伏牛山，道出滁陽，遣丁太僕。時方炎暑，與二三法侶納涼於滁之龍泉寺。一時田侍御幷鄒鍾二司馬俱問法於道人，道人應機率性，適忤鍾司馬，司馬大怒，威作百態，道人未能以慈心三昧攝伏之，終有愧焉！使鍾君邂逅於今日，必以道人爲春風主人矣；惜其卽世早，無及此緣也。龍泉元封，相去八十餘里，故結夏焉。寺主東州與杜生善，道人於是始識杜生，將七易寒暑矣。田侍御兩司馬較諸二善友，雖顯晦未始同條，然皆識道人於乞食之初，可無念哉？乃今惟杜生不遠千里謁道人於曲阿于生之別墅，余甚感之！乃囑杜生曰：汝識吾面，莫若識吾心；汝識吾心，莫若識吾無心之心；識吾無心之心，又莫若識汝之本有心。識得本有心，雖復輿臺走卒，軒冕莫若也；如未識之，急須識取！

卍　卍

予登峨嵋，往返幾三年，以貪觀山水，鬚髮不暇剃除，遂成頭陀焉。既至曲阿于觀察北園，時比部爲地主，常熟繆生吳江周生並在。予以暑熱，乃剃髮而留鬚，鬚髮幾四寸許，以一囊紅花裹而藏之；攜至清涼，授開侍者。寓清涼半載，除夕，鬚亦剃除，亦授開侍者。惟左右鬢，命衆鬮之，時一蘆蓮禪人得其右，一徹淵禪人得其左。葉航江禪人鬮畢，特請於余曰『願得分少鬚髮供養。』予覩其眉宇眞色藹然，乃分向授開侍者所藏髮一束與之。雖然，老漢以十方世界爲一縷髮，且道全身向什麼處安着？以十方世界爲全身，且道一縷髮向什麼處掛着？『道得亦三十棒，道不得亦三十棒，』如何卽得不受棒去？咄！雲山萬疊水潺湲，窣堵稜層頂如削

卍 卍

嘉靖初，蒲之萬固寺，背七里許，峯巒攢秀處，有古刹曰讚嘆，其中老衲義秀者，溫里人，精進敦實，日課阿彌陀佛十萬餘聲，朝夕無間五十餘

年矣。至於經行之所，磚砌成漕，或穿及底，人試補之，久復成漕，今猶在也。初有貧寒子不能自活，來依秀，秀納之，久之見其動靜弗佳，因呵曰：『汝眞賊也！』無何，果約其黨乘夜擊秀；初擊秀稱佛聲猶洪，再擊稱佛聲弗斷，然亦微矣，因死。亦當垂絕之際，佛聲不斷；至於股折能跏趺而逝，非五十年志氣堅强勁正，烏能至此？又有白居士者，亦往來蒲城，傭役得值，不擇僧俗，悉施與之。一日灌園汲水，忽遺身心，鼻息乎絕，有老嫗不知其定，多方强救之醒；七日，旋定如初。後遊陝，定於蟄屋冷廟中，將九十日，村人謂其死也而埋之。嗚呼！秀老精進而取殺，居士禪定而活埋，皆多生夙殃也！

卍

卍

五祖演和尚一日云：『我這裏禪似個什麼？如人會作賊，止一子。其子一日忽問云：「我爺死後，我却如何養家？須學個事業始得。」其爺一夜引至巨室穿窬入宅開櫃，教兒子入其中取衣帛，兒纔入櫃，卽鎖却，父乃尋先竇而去。其兒子在櫃中，計無所出，故作鼠嚙聲，其家點燈開視，櫃纔開，賊兒聳身跳出，人不及措手，得脫；隨趕至中路，賊兒忽見一井，乃推巨石投井中，追人却於井中覓賊。兒直走歸家問爺，爺云：「你且道怎生得出？」兒具說所以。爺云：「恁麼，却儘做得。」』萬歷丁亥冬，余結制蘆芽，禪餘無事，偶與主人妙師閱及此篇，妙師捧腹笑而淚下。余問何故若是？妙師曰：『我笑中有痛。』余又問：『痛甚事？』妙師曰：『痛他父子情忘，始做得賊。』余感妙師知言，故錄之。

卍　卍

迦旃延有會辯，善說法要，於大衆中以解行稱第一。常宴坐樹下，有外道來問曰：『以我觀世人，但有此世，更無他世，可得然乎？』迦旃延曰：『今此日月，爲天爲人、爲此世爲他世耶？若無他世，則無日月矣。』外道俛首。如是轉折幾十，而外道情枯智訖，遂歸依之。或者問佛：『迦旃延，富樓那，皆有慧辯何故？』佛曰：『渠二人多生修無我觀。』故曰：『修無我觀，何以得慧辯？』佛曰：『汝不見鐘鼓乎，本無心念，而隨叩隨應，以其內本空故也？』問者始解。

卍　卍

嘉靖間，夔州萬縣象鼻岩下，有一庵禪師書華嚴經，一日日暮，殘陽已沒，尚徐徐書之不已。侍者報曰：『日光久沒，何書經不止？』禪師聞，則伸手不見指矣。嗚呼！本有常光，無擇凡聖，瞥爾情生，暗相現前。余追思一庵之精誠，於書經之際，此光忽露，因綴之以偈曰『筆頭無火夜生光，了了徐書經幾行；幽鳥一聲啼綠柳，東風吹散百花香。』此偈余忘之矣，適萬縣福城庵行行上人詣吳請華嚴經，聞余書法華於金壇，於見素之墨光亭，特過信宿，燈下偶及此。予憬然！因再綴之以偈曰：萬縣吳門共一天，書經誰後復誰先？夜深偶舉陳公案，這段常光又現前。

卍　卍

松陵丁慈音，言及金剛經『應無所住而生其心』句，師拶之曰：如何是『應無所住而生其心？』丁生惘然。師曰：『汝問我，我為汝說。』丁生唯然。師忽擊几一下，問『丁生聞否？』答曰：『聞。』師曰：『此非而生其心。』又問丁生：『汝聞時是有心聞，無心聞？』答曰：『無心聞。』師曰『此非應無所住。』既而師復說一偈曰：木魚打得頻，怕痛忽生瞋，汝若知痛處，禹門度金鱗（丁生名法鱗）

長松茹退（選錄四十則）

憨憨子不知何許人，其應物之際，多出入乎孔老之樊，然終以釋氏爲歇心之地。其所著書曰茹退者，乃自貶非暴耀也。夫何故？立言不難，難於明理；明理不難，難於治情。能以理治情，則理愈明；理愈明則光大。故其所立之言，天下則之，鬼神尊而訶護之。憨憨子自知不能以理治情；以飲食不節而致病，病生復不畏死，猶妄著書。譬如牛屙不能力耕致遠枉費水草之餘。唯所退者存焉耳。名其書曰茹退，不亦宜乎？雖然，追而後應，與夫不扣而自鳴者，不可同日語也。潯陽有匡石子者謂憨憨子曰：「石兄來茲，搆長松館於此，有年數矣、徒廠然於青松白雲之間。且岷江濤生聲雜鐘梵，境不可謂不幽也；然未得高人勝士，盤無生之磬，震緣生之夢，則夢者終不覺矣。豈至人之存心乎哉？」憨憨子愀然久之，曰：敢不唯命，乃長長松爲牛馬焉。

序

終天下之道術者，其釋氏乎！六合之外，昔人存而不論；六合之內，論而不議、非不可論，恐駭六合之內；非不可議，恐乖五常之意。今釋氏遠窮六合之外，判然有歸；近徹六合之內，晝然無混。使高明者有超世之舉，安常者無過望之爭。是故析三界而爲九地，會四聖而共一乘。六合之外，唯不受後有者居之；六合之內，皆有情之窟宅也。能依者名之正報，所依者謂之依報。聖也，凡也，非無因而感，皆因其最初發心爲之地。有以緣生爲歸宿者，有以無生爲歸宿者，唯佛一人卽緣生而能無生，卽無生而不昧緣生，遮之照之，存之泯之，譬如夜珠在盤，宛轉橫斜，衝突自在，不可得而思議焉！故其遠窮近徹，如見掌心文理，鏡中眉目也。吾故曰，終天下之道術者，其釋氏乎！

卍　卍

諸法無生，何謂也？心不自心，由塵發知；塵不自塵，由心立塵，由塵發知，知果有哉？由心立塵，塵果有哉？心塵既無，誰爲共者？若謂無因，爲有是處？吾以是知山河大地，本皆無生；謂有生者，情計耳，非理也。故曰『以理治情，如春消冰。』

卍　卍

千年暗室，一燈能明；一燈之明，微吹能冥。明暗果有常哉？如明暗有常，則能見明暗者非常矣。知此者可以反晝爲夜，反夜爲晝，而能晝能夜者，初無晝夜也。明暗無代謝，謂有代謝者，隨分別始至也。如分別不生，明暗何在？悲夫！明則能見，暗則不能見，是謂塵使識；若識能使塵，則明暗在此，而不在彼矣。故曰：『若能轉物，卽同如來。』

卍　卍

『如來藏中，不許有識，』此古人之言也。吾則不然，衆人心中不許有如來藏。夫何故？凡聖皆獨立故。譬如一指屈伸，正屈時，伸何所有？正伸時，屈何所有？一現前，一不現前，固不同；而全露指體，本無優劣。故曰：『師子遊行，不帶伴侶。』

卍 卍

心有眞心妄心；眞心照境而無生，妄心則因境牽起者也。眞心物我一貫，聖不能多，凡不能少。妄心則境有多種：或以有爲境，或以無爲境，或以諸子各偏所見爲境。故曰：『心本無生因境有。』六合之外，六合之內，羅籠盡矣。又老氏以『身爲大患，身無患無』而不言所以然之旨。曰：『假借四大以爲身，』則無身之所以然明矣。夫心本不勞，形累之勞；身遺則心無能勞之者，心果有乎？昔人有言全神者，心將遺之，況於身乎？故曰：『有心則罪福有主，心忘主無，雖有罪福，孰主之哉？』

卍　卍

『魚在水中不知水，人在心中不知心。』如魚能知水，人能知心，魚果魚乎？人果人乎？是以滴水可爲六合之雲，微塵可容萬方之刹者，非龍非聖，孰能之哉？吾以是知爲龍不難，魚知水難；爲聖人不難，人悟心難。故曰：『日用而不知者，衆人也。』

卍　卍

智者老人以七喻，譬五欲之無益於人也。故其言曰：『五欲者得之轉劇，如火益薪，其燄轉熾。五欲無樂，如狗嚙枯骨。五欲增諍，如鳥競肉。五欲燒人，如逆風執炬。五欲害人，如踐毒蛇。五欲無實，如夢所得。無欲不久，假借須臾，如擊石火。學人思之，亦如怨賊！』嗚呼！一微涉動，五欲生焉；五欲害人，七喻作焉。能善觀一微者，則於因成假中，了知五欲初無所從也。夫何故？未生五欲，正生五欲，五欲生已，四運精而推之，則一微非有，唯一微之前者，固自若也。

卍

吾讀楞嚴，始悟聖人會物歸己之旨。而古人有先得此者，則曰：『若人識得心，大地無寸土。』又曰：『我今見樹，樹不見我，我見何見？』『楞嚴文字之妙，委曲精盡，勝妙獨出。』此眉山之言也。

卍

吾讀易，然後知六十四卦本無常性。故曰：『周流六虛，上下無常。』所以性之情之，惡之好之，凶之吉之，循環無端，變化無窮矣，

卍　　卍

老氏宗自然；夫自然也者，卽無爲之異稱也。無爲卽不煩造作之謂也。若然者，則聖人設敎，將敎誰乎？何者？以善旣自然，惡亦自然，則無往而非自然。果如此，則衆人之希賢賢希聖，始從勉然，而終至於自然之說，老氏大悖也。故老氏但言其終，而略其始之說行，則薰惡爲善之敎，將戰而不能全勝矣。夫始終一條也：故衆人希賢賢希聖，此盡其始也；聖希天，盡其終也。盡始也者，以理治情之謂也；盡終也者，復其性也。性復則向謂一條者，昭然在前矣；夫復何事至此則知自然，俱掉捧打月耳？

卍　　卍

『介然有知，唯施是畏，』此老氏之言耳。曹溪大鑑則曰：『對境心數起，菩提作麽長？』則又若有知不乖無知也。老乎曹乎同乎異乎？吾不得而知；付之副墨之子，俟來者辨之。

卍　　卍

吾讀墨子，然後知其非大悖於孔子者也；吾讀楊子，亦知其非吝一毛而不拔者也。今日墨子悖孔氏，楊朱吝一毛，是皆不讀楊墨書者也。楊墨骨已朽，而不朽者寓於書，然不讀其書而隨人口吻以妄排之；假使楊墨不死，聞其排語，寧不捧腹而絕倒歟？

卍　　卍

吾讀莊子，乃知周非老氏之徒也；吾讀孟子，乃知軻非仲尼之徒也。

夫何故？老氏不辯，周善辯；仲尼言性活，軻言性死。辯則失眞，死則不靈。失眞不靈，賢者之大疵也！

卍 卍

『莊周夢爲蝴蝶，蝴蝶夢爲莊周，』此就有心而言也。吾則曰：我夢爲山河，山河夢爲我，此該有心無心而言也。噫！能有心能；該有心無心者，果夢耶？果不夢耶？

卍 卍

孟軻言性善，荀況言性惡，楊雄言性善惡混。夫言善言惡者，是析一而爲二也；言善惡混者，是併二而爲一也。噫！性也者，非一非二，而一而二，孰能析之？孰能併之？吾以是知析之者併之者，皆畫蛇添足者也！

卍 卍

孟軻排楊墨，廓孔氏，世皆以爲實然，是豈知孟子者歟？如知之，則知孟子非排楊墨，乃排附楊墨而塞孔氏者也。雖然，孔氏不易廓，而能廓之者，吾讀仲尼以降諸書，唯文中子或可續孔脉乎，外通或有能續之者，吾不得而知也。

卍　卍

吾讀洪範，乃知箕子聖人也；聖人而不在位，紂在位，商亡可知已！箕謂五福六極，唯敬天愛民者，天以五福應之；反是則以六極應之。由是而觀：則報復之理，因果之條，釋氏未東之日，而中國有欲治天下者，未始不嚴於此也？今謂因果之談，報復之唱，乃釋氏皷惑愚者之技，豈君子所當道哉？！噫！是說也，不唯得罪於釋氏，亦箕子所當惡也！

學所以破愚也。今有人於此，不以學破愚，而以學周欲。卽此而觀，則聖人設教，本在藥衆人之病，今藥生病，則聖人之技窮矣。故曰：「醍醐成毒藥」也。

卍　卍

水在釜中，非火不能熱也，種在土中，非春不能生也；愚在心中，非學不能破也。今天下學，非不學也，所學在於周欲，而不爲破愚；是以世喪道，道喪世，世道交喪之風，扇之未已也！噫！扇之未已，則將有不可勝言者至矣！

卍　卍

伊蘭之臭，天下之至臭也；而得旃檀熏之，則可以爲香。今謂下愚者終不可教，何異伊蘭終不可使之香也？如伊蘭得旃檀而熏之，亦可以爲香；則下愚何獨不可敎之？但敎而無倦爲難，果能敎而不倦，則金石可貫；人雖至愚，知覺固有，卽其固有，熏之以敎誨之香，久而至於熟，則其至愚之臭，亦熏而成香矣。故曰：『敎而無倦，惟聖人能之。』

卍　卍

火勝水，水必成湯；水勝火，火必成涼。是故易之泰卦，貴權在君子，亦使小人各得其所也。然聖人不病於臨，而病於大壯者，至泰且固守而不敢進。噫！非憂深慮遠者，孰能知此？

卍　卍

蛇可以爲龍，衆人可以爲聖；今衆人滿天下，而登聖者何稀焉？噫！風行於上，俗成於下，顧其鼓舞者何如耳！如鼓舞者不得其人，雖聖人滿天下，有若無也。

卍　卍

鳥能飛，魚能游；然微空水，則翼不可展，尾不能動。故野馬奔於遠郊，長風游於太虛，苟無肆足之地，容怒之天，則殆而已矣。故君子之處小人，若不能使之各得其所用而不棄；則君子闢道奚益於世？

卍　卍

深山大澤，龍蛇生焉；茂族巨姓，善惡出焉。苟不得有福慧者爲之長，折攝於未有，則滅族殺身之禍，將必不可免矣！故曰「一微涉動境，成此頹山勢。』

卍　卍

公之私之，皆自心出。公則天下喜之，私則天下怒之。喜則福生，怒則禍生。知福生於公而不能以公滅私者，欲醉其心也。

卍　卍

能病病者，病奚從生？以不能病病，我故病焉。然病之大者莫若生心；心生則靡所不至矣。豈唯病哉？故曰：眼病乎色，耳病乎聲，心病乎我；唯忘我者，病無所病，可以藥天下之病。

卍　卍

畫屏花鳥，非不悅目也，如欲使之香，使之鳴，雖聖如神禹，吾知其不能也。今有人於此，智不能周一身，力不能縛一雞，衣之冠之，而周旋揖讓，非不悅目也；然使之爲上治民，何異使畫花香畫鳥鳴乎？

卍　卍

禍未至時，不知是福；禍至而追思無禍之日，眞大福也。豈待必得萬鍾，然後爲福哉？

卍　卍

飲食之於人也，所以資其生耳；今有人於此，不以飲食資生，反乃傷之者，蓋不節之過也。飲食而能節之，小則可以資一身一家，大則可以資天下。故曰：『智者能調五臟，充而用之，能調天下，』非誇也。

卍　卍

男見女喜悅，女見男亦喜悅，男女雖別，而喜悅未嘗不一也。噫！喜悅之初，有不累於喜悅者存焉，人能知此，則喜悅乃思無邪也。

卍　卍

飲食男女，衆人皆欲；欲而能反者，終至於無欲。噫！唯無欲者，可以勞天下，可以安天下！

卍　卍

制欲不難，唯自重難，人而能自重，雖高爵厚祿不能動之；果能昭廓不動，至於動而無欲，則幾於聖矣。古有節婦謂『餓死猶勝生失節，失節生猶死；』遂餓而死。是以天下仰其遺烈，如月在寒空也。

卍　卍

衆人愛富貴而惡貧賤，所以富貴貧賤之累，至於死猶不覺也！殊不知富貴貧賤本是一條；而一條之上，强愛之强惡之，豈理也哉？故曰『理有情無者，聖人得之，衆人失之。』噫！得之者雖死生在前，直使爲一條，況富貴貧賤乎？

卍　卍

勤於善者，不知善之所積；甘於惡者，亦不知惡之所積。善之所積，以其不知，福莫大焉；惡之所積，亦以其不知，禍莫大焉。良以不知生於所忽，禍之始也；知而勤之，福之梯也。故曰『忽則昧心，知則不昧』

卍　卍

儉可以積福，亦可以積禍；吾同衆人之儉，儉非吾儉，福必積矣，如儉人而不儉己，禍必積焉故曰『同人之儉者，人雖餓死而不怨，儉人而不儉己者雖溫飽而不懷』也。

卍　　卍

惠不可妄受，受則當思惠之所自來：愛我而來耶？哀我而來耶？愛出於敬，哀出於憐。敬則我何德之有，而當其敬？憐則既爲男子，豎趍於天地之間使人憐我，我不能憐人，豈丈夫也哉？故曰『幣厚言甘，道人所畏。』

卍　　卍

勇而不義謂之暴，仁而不明謂之倒；倒也者，以小傷大之謂也。唯仁不仁，乃合乎道。

卍　　卍

牡丹諺謂之花王，蓋尊其艷麗之富耳。殊不知青松托根於白石之上，當風霜凜洌之時，爲雲濤於萬木之叢，使聽者低回而不能去，以爲海潮初鳴。夫松鳴使塵心蕩然，雷鳴能使羣蟄頓醒，鐘磬鳴能生人道心。以此言之，則牡丹之艷麗，惡能有青松勁節之風哉？

卍　　卍

梅以香欺雪，雪以白欺梅，兩者各恃其所長而相欺，互不能降，故酣戰不已。噫！天風忽起，雪捲花飛，則向之所恃者安在？故曰：『恃長而欺人者，不能終！』

卍　　卍

萬物本閒，鬧之者人耳！人而不鬧，天下何事？故垂衣裳而天下治者，非出有心也。

高僧選集 紫柏大師集終

此集選輯於紫柏老人集

國家圖書館出版品預行編目資料

紫柏大師開示語錄 / 紫柏大師著.僧懺選輯. -- 初版. --
新北市：華夏出版有限公司, 2024.04
面； 公分. --（圓明書房；044）
ISBN 978-626-7393-00-0（平裝）
1.CST：佛教說法 2.CST：佛教修持

225.4 112016575

圓明書房 044
紫柏大師開示語錄

著 作 紫柏大師
選 輯 僧懺
出 版 華夏出版有限公司
220 新北市板橋區縣民大道 3 段 93 巷 30 弄 25 號 1 樓
電話：02-32343788 傳真：02-22234544
E-mail：pftwsdom@ms7.hinet.net
印 刷 百通科技股份有限公司
電話：02-86926066 傳真：02-86926016
總 經 銷 貿騰發賣股份有限公司
新北市 235 中和區立德街 136 號 6 樓
電話：02-82275988 傳真：02-82275989
網址：www.namode.com
版 次 2024 年 4 月初版一刷
特 價 新臺幣 280 元（缺頁或破損的書，請寄回更換）

ISBN-13：978-626-7393-00-0